공부가 되는
경제 이야기 ❶

〈공부가 되는〉 시리즈
공부가 되는
경제 이야기 1
초판 1쇄 발행 2011년 11월 30일
초판 8쇄 발행 2024년 06월 04일

글 글공작소

책임편집 윤소라
책임디자인 노민지

펴낸이 이상순
주　간 서인찬
편집장 박윤주
기획편집 한나비, 김한솔, 김현정
디자인 유영준, 이민정
마케팅 홍보 이상광, 이병구, 신희용, 오은애

펴낸곳 (주)도서출판 아름다운사람들
주소 (10881) 경기도 파주시 회동길 103
대표전화 (031)8074-0082 **팩스** (031)955-1083
이메일 books777@naver.com
홈페이지 www.book114.kr

ⓒ2011, 글공작소
ISBN 978-89-6513-128-1　63320
　　　978-89-6513-130-4　(세트)

파본은 구입하신 서점에서 교환해 드립니다.
이 책은 저작권법에 의하여 보호를 받는 저작물이므로 무단 전재와 복제를 금합니다.

공부가 되는 경제 이야기 1

지음 글공작소 | **추천** 오양환 (前 하버드대 교수)

아름다운사람들

공부가 되는
경제 이야기 1

 애덤 스미스

보이지 않는 손의 법칙 … 10

원고를 모두 불태운 남자 | 목사가 될 꿈을 버리다 | 『국부론』의 바탕이 된 『도덕 감정론』
이기심이 이익을 낳는다 | 너희가 '보이지 않는 손'을 아느냐?
과정을 나누어서 일하라, 분업
계몽주의와 데이비드 흄 | 경제란 무엇일까? | 순전한 이익, 이윤
셀 수 없이 많은 시장 | 돈의 역사 | 토지, 노동, 자본 생산의 3대 요소

 **토머스 맬서스**

인구는 기하급수적으로,
식량은 산술급수적으로 … 26

세상의 비난을 받은 책 | 산업 혁명이 사회를 뒤흔들다
『인구론』, 인구 증가는 멸망을 가져온다 | 가난한 사람은 구제하지 마라
무조건 아끼는 것도 좋지 않다
산업이란 무엇일까? | 세금은 왜 걷을까? | 프랑스 대혁명
최소한의 생존권, 사회 보장 제도 | 눈에 보이는 재화와 보이지 않는 용역

데이비드 리카도
자유 무역이 부를 만든다 … 40

『국부론』에 감명을 받은 사나이 | 애덤 스미스를 계승한 데이비드 리카도
세계를 부유하게 하는 자유 무역 | 관세법을 두고 맬서스와 논쟁을 벌이다
잘 만드는 한 가지로 무역하자, 비교 우위론 | 임금은 아무렇게나 결정되지 않는다
투자와 주식, 주식회사 | 돈을 갚겠다는 증서, 채권 | 동산과 부동산
가격과 물가 | 다양한 관세 | 자유 무역 협정(FTA) | 노동자를 위한 최저 임금 제도

프리드리히 리스트
보호 무역을 주장하다 … 56

피히테의 연설을 들은 청년 | 자유 무역을 비판하다
조국이 버린 남자, 프리드리히 리스트 | 경제 발전에도 단계가 있다
힘이 약한 나라를 위한 보호 무역
'독일 국민에게 고함', 피히테 | 자유 무역과 보호 무역 | 세계 무역 기구(WTO)
선진국과 개발도상국 | 재화를 바꾸는 수단, 화폐 | 착한 소비, 공정 무역

칼 마르크스
자본주의여, 물러나라! … 70

빈민가에서 연구를 거듭한 학자 | 자본주의 사회에 대한 연구, 『자본론』
인간의 노동에서 가치가 나온다, 노동 가치론 | 인간 소외
자본주의 경제는 반드시 무너진다
루소와 볼테르 | 효율성의 자본주의, 형평성의 사회주의 | 부르주아와 프롤레타리아
인간 소외를 다룬 영화 〈모던 타임스〉 | 네덜란드 튤립 공황

🍪 앙리 제르맹
이자 주는 은행을 아시나요? … 86
리옹에 은행을 세운 남자 | 변화에 발 빨랐던 앙리 제르맹
최초로 은행 지점을 만들다 | 세계적인 은행으로 성장한 크레디 리요네
돈을 돌리는 금융 기관 | 신용과 신용 카드 | 노벨 평화상을 받은 그라민 은행
이자율이 다른 다양한 예금

🍪 레옹 발라
너희가 한계 효용을 아느냐? … 98
자신의 이론을 곱씹던 경제학자 | 수학을 못한 레옹 발라 | 소비로 얻는 만족, 효용
소비할수록 줄어드는 한계 효용 | 한계 효용학파
'보이지 않는 손'을 보여 준 일반 균형 이론
경제의 모든 길은 희소성으로 통한다 | 꿩 대신 닭, 대체재
바늘 가는 데 실 간다, 보완재 | 시장 경제와 계획 경제

🍪 앤드루 카네기
철강왕이라 불린 사나이 … 114
노력으로 기회를 잡은 소년 | 가난한 이민자에서 철강왕까지
독점 자본가가 경제를 움켜쥐다 | 노동자들의 조합, 노동조합 | 철강왕의 깨달음
카네기의 사회 기부 활동
기업과 회사 그리고 CEO | 경쟁 없는 독점 기업 | 정규직과 비정규직
미국의 석유왕 록펠러의 기부

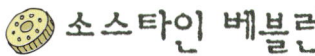 앨프레드 마셜

수요와 공급의 시장 균형 … 128

가난 없는 세상을 꿈꾼 소년 | 차가운 이성과 따뜻한 마음을 지닌 앨프레드 마셜
수요와 공급을 그림으로 설명한 '마셜의 십자' | 똑같이 싸도 잘 팔리는 물건만 팔린다
50년 동안 고쳐 쓴 『경제학 원리』
생산에서 소비까지, 유통 | 적은 이익으로 많이 판다, 박리다매

소스타인 베블런

비싼 것이 아름답다? … 140

매일 책만 보는 청년 | 괴짜 중의 괴짜, 소스타인 베블런 | 시카고 대학에서의 연구
부자들의 소비를 꼬집은 『유한계급론』 | 비싼 것이 아름답다? 베블런 효과
베블런의 이론을 따르는 제도학파
『허생전』과 매점매석 | 뷔리당의 당나귀 | 정보가 돈, 레몬 시장
1퍼센트를 위한 마케팅, 귀족 마케팅

아이들이 『공부가 되는 경제 이야기』를 읽으면 좋은 이유

1 경제 지식부터 경제 원리까지 한눈에 잡는다

『공부가 되는 경제 이야기』는 경제를 연구한 사람, 경제를 일으킨 사람 그리고 경제의 흐름과 원리, 경제 지식에 관하여 한눈에 알 수 있게 꾸며져 있습니다. 자칫 딱딱하고 어렵게 느낄 수 있는 경제 문제를 인물들의 경제사와 함께 녹여내어 쉽고 재미있게 익히도록 하고 있습니다. 뿐만 아니라 경제 상황이 어렵고 위기에 처할 때마다 그 어려움을 해결하기 위해 최선을 다한 사람들의 주장과 이론도 적절한 비유를 통해 생동감 있게 담겨 있어 경제 공부에 일석이조의 효과를 가져다줍니다.

2 우리 아이 경제감을 높이는 눈높이 경제 길잡이

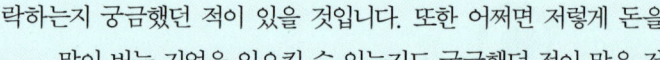

경제는 먹고사는 문제를 해결하는 우리 일상과 가장 밀접한 관련이 있는 분야입니다. 예를 들면, 누구나 한 번쯤은 도대체 물건값은 어떻게 매겨지고 값은 왜 오르락내리락하는지 궁금했던 적이 있을 것입니다. 또한 어쩌면 저렇게 돈을 많이 버는 기업을 일으킬 수 있는지도 궁금했던 적이 많을 것입니다. 이처럼, 경제에 관한 아주 일상적인 궁금증부터 경제를 좌지우지하는 기업의 성공적인 경제 운영에 이르기까지 꼭 필요한 경제 지식들을 아이들의 눈높이에 맞추어 해결하고 있습니다.

3 모두가 잘사는 세상을 꿈꾸게 하는 경제 이야기

가정용 컴퓨터로 세상을 바꾼 빌 게이츠, 자본주의의 모순을 지적한 칼 마르크스, 보이지 않는 손을 주장한 경제학의 아버지 애덤 스미스, 부는 무덤까지 가져가지 않는다고 말한 앤드루 카네기, 자신의 꿈과 환상을 현실로 만들어 낸 월트 디즈니 등등 『공부가 되는 경제 이야기』에는 모두가 잘사는 세상을 꿈꾼 많은 경제학자와 굳은 신념으로 부를 일구고 시대를 바꾸어 나간 기업가의 이야기를 함께 담고 있습니다. 그렇기에 아이들은 『공부가 되는 경제 이야기』를 통해 경제 지식뿐만 아니라 더불어 잘사는 세상에 대한 자신의 꿈을 만들 수 있을 것입니다.

4 공부의 즐거움을 깨치는 〈공부가 되는〉 시리즈

〈공부가 되는〉 시리즈는 공부라면 지겹게만 여기는 우리 아이들에게 "아, 공부가 이렇게 즐거운 것이구나!" 하는 것을 깨쳐 주면서 아울러 궁금한 것이 많은 우리 아이들의 지적 호기심도 동시에 해결해 주는 시리즈입니다. 공부의 맛과 재미는 탄탄한 기초 교양의 주춧돌 위에 세워질 때 그 효과가 배가됩니다. 그리고 그 기초 교양은 우리 아이들이 학습에서 자기 주도적 능력을 내는 데 큰 밑거름이 됩니다.

『공부가 되는 경제 이야기』는 우리 아이들에게 경제 지식에 대한 이해를 높여 앞으로 자신의 삶을 개척하는 데 주춧돌을 놓고도 남을 것이라 확신합니다. 부디 우리 아이들에게 이 책이 경제 감을 높이고 자신의 삶을 개척하는 데 훌륭한 도구가 되기를 바랍니다.

애덤 스미스
Adam Smith, 1723~1790

보이지 않는 손의 법칙

원고를 모두 불태운 남자

1790년 어느 날, 영국의 한 주택가에 병색이 짙은 어떤 남자가 자리에 누워 있었어요. 그런 그에게 친구가 병문안을 왔어요.

"아니, 자네. 도대체 이게 무슨 일이란 말인가!"

병문안을 온 남자는 한숨만 내쉴 뿐이었어요.

"어서 기운을 차리게. 세상에, 글래스고 대학 총장이 이래도 되는가!"

자리에 몸져누운 이 남자는 바로 교수이자 철학자요, 사상가이자 경제학자로 크나큰 명성을 떨치고 있는 애덤 스미스였어요. 애덤 스미스는 친구의 말에 한숨 섞인 대답을 했어요.

"난 더 이상 가망이 없다네. 이제 아무 소용이 없어."

"그게 무슨 말인가?"

애덤 스미스는 기운 없는 목소리로 중얼거리듯 말했어요.

"내가 한 일은 정말이지 조금밖에 되지 않아! 더 많은 일을 했어야 했는데……."

"이 사람아, 자네는 평생 학문 연구에 몰두하고 그 유명한 『국부론』까지 쓰지 않았나!"

"아닐세, 아니야. 내 서류 속에는 아직도 굉장히 많은 일을 할 수 있는 자료가 있다네. 하지만 이젠 아무 소용이 없어."

애덤 스미스는 아직 완성되지 않은 원고와 수많은 자료가 쌓여 있는 자신의 책상을 한참 동안 바라보고는 친구에게 말했어요.

"여보게, 부탁 하나만 해도 되겠나?"

"무슨 부탁인가?"

"내가 죽거든 저 자료들이며 원고를 모두 불태워 주게."

"여보게, 도대체 왜 원고들을 불태우려고?"

"나는 완성되지 않은 내 졸작을 세상에 내놓고 싶지 않다네. 그래서 죽기 전에 모두 불태우고 떠나려고 하네."

친구는 깜짝 놀랐지만, 애덤 스미스의 진지한 표정에 어쩔 수 없이 약속을 했어요.

"염려 말게. 그리하겠네."

며칠 후, 애덤 스미스는 다시 친구를 불러 자신의 눈앞에서 원고를 모두 불태우도록 했어요. 결국 애덤 스미스가 보는 가운데 열 권 남짓한 그의 노트는 모두 불태워졌어요. 그리고 애덤 스미스는 1790년 7월 7일에 다음과 같은 한마디 말만을 남기고 세상을 떠났어요.

"여러분, 나는 여러분과 계속 함께 있고 싶지만 이제 그만 떠나야 할 것 같습니다."

목사가 될 꿈을 버리다

애덤 스미스는 1723년 영국 스코틀랜드의 작은 바닷가 마을 커콜티에서 태어났어요. 어릴 때부터 공부에 남다른 재능을 보인 애덤 스미스는 열네 살이라는 어린 나이에 글래스고 대학에 들어가 수학과 철학, 행정학 등을 두루 공부했어요. 그는 주로 도덕과 인간의 본성에 관한 분야에 흥미를 느꼈어요. 그중 특히 도덕철학 과목을 좋아했고, 목사가 되겠다는 꿈을 키워 나갔어요. 애덤 스미스는 열일곱 살이 되자 글래스고 대학을 떠나 영국 최고의 대학인 옥스퍼드 대학교에서 장학금을 받으며 공부할 수 있었어요.

당시에는 영국과 프랑스가 서로 식민지를 더 많이 차지하려고 안달하던 때였어요. 식민지를 개척하면 금은보석 같은 귀한 물건들을 실어 올 수 있었기 때문이에요. 그런가 하면 이 시대는 또한 뉴턴 같은 과학자들이 자연의 신비를 하나하나 과학적으로 풀어 나가던 시기이기도 했어요. 과학적인 사고를 통해 세상을 이해하려는 계몽주의 사상도 생겨나 애덤 스미스는 계몽주의 사상가들의 책을 관심 있게 읽었어요.

애덤 스미스가 옥스퍼드 대학에서 장학금을 받으며 공부

계몽주의와 데이비드 흄

1784년 독일의 철학자인 칸트의 『계몽이란 무엇인가』에서 시작된 계몽주의는 중세 유럽의 교회의 권위와 사상에서 벗어나 합리와 이성으로 인간을 진보·개선시켜야 한다는 사상이에요. 또한 이 시기에는 '관념론'과 '경험론'이라는 철학적 사상이 대두되기도 했어요. 관념론은 인간의 의식과 이성이 지식을 만들어 낸다는 사상인 반면 경험론은 오직 인간의 감각과 경험에서 지식이 만들어진다는 사상이에요. 경험론의 대표적인 철학자는 1711년 영국에서 태어났으며, 『인성론』을 쓴 데이비드 흄이에요. 그는 인간은 감정의 동물이자 이성의 동물이지만, 이성은 감정의 노예일 뿐이며 경험이 있어야 이성적인 판단도 가능하다고 했어요. 그는 철학자였으나, 경제학과 역사학에도 큰 영향을 미쳐 애덤 스미스가 막 완성된 『국부론』의 원고를 들고 달려간 곳이 바로 흄의 집이었을 정도예요.

할 때였어요. 어느 날, 애덤 스미스는 대학 기숙사에서 『인성론』이라는 책을 읽고 있었어요. 『인성론』은 영국의 철학자 데이비드 흄이 쓴 철학 책으로, 인간의 생각과 욕심, 도덕 같은 성품에 대한 내용을 담고 있었어요.

그런데 기숙사 사감이 애덤 스미스가 『인성론』을 읽고 있는 것을 발견했어요.

"아니, 이 책은 데이비드 흄이 쓴 책 아닌가? 흄은 '신이 없다'고 주장하는 무신론자라는 것을 알고 있나? 우리 옥스퍼드 대학에서 그런 사람의 책은 읽을 수 없네. 이 책은 압수하겠네."

기숙사 사감은 애덤 스미스가 읽고 있던 책을 빼앗아 가 버렸어요. 이 일로 애덤 스미스는 마음에 큰 상처를 입고 건강도 나빠졌어요. 그래서 옥스퍼드 대학을 떠나 다시 고향으로 돌아오고 말았어요.

18세기 과학 실험 모습을 묘사한 조지프 라이트의 그림 〈공기 펌프 속의 새 실험〉

『국부론』의 바탕이 된 『도덕 감정론』

고향에서 애덤 스미스는 자신이 하고 싶었던 철학과 법학 공부를 마음껏 했고, 1751년 스물여덟의 나이에 자신의 모교인 글래스고 대학의 교수가 되었어요. 하지만 이때에도 애덤 스미스는 그렇게 경제에 관심을 두지는 않았어요.

애덤 스미스는 1759년에 『도덕 감정론』이라는 책을 펴냈는데 이 책은 인간이 어떻게 스스로 이기심을 누르고 도덕적인 판단을 해내는지에 관한 것이었어요.

경제란 무엇일까?

사람이 살아가려면 공기, 햇빛, 물, 나무, 음식, 옷과 같이 사람이 바라는 바를 모자람 없게 채워 주는 '재화'가 꼭 필요해요. 이처럼 재화란 사람에게 필요한 모든 물건을 말해요. 재화 중에 공기처럼 어디에나 있어서 비용을 치르지 않고 얻을 수 있는 '자유재'와 음식, 옷처럼 비용을 치러야 얻을 수 있는 '경제재'로 나눌 수 있어요. 대개는 자유재보다 경제재가 훨씬 많아요. 또한 자유재가 경제재가 되기도 하는데 물의 경우 원래는 사 먹지 않았지만 요즘은 물을 사 먹기도 해요. '경제'란 이러한 경제재를 만들어 내고 나누고 쓰는 과정을 말해요.

사람들은 누구나 자기 자신만의 이익을 얻으려 하는 '이기심'을 가지고 살아가요. 애덤 스미스는 이기심을 나쁘게만 생각하지 않았어요. 오히려 이기심은 사람이 살아가는 데 필요한 활력소이며, 마음속에는 이기심을 잘 조절해서 좋은 방향으로 이용할 수 있도록 해 주는 장치도 있다고 보았어요. 이것이 바로 '양심'이에요. 애덤 스미스는 양심을 '공명정대한 관찰자'라고 불렀어요. 자기 자신의 행동을 지켜보는 마음속의 누군가가 바로 양심이라는 거예요.

애덤 스미스는 『도덕 감정론』으로 매우 유명해졌고 그 유명세로 아주 부유한 귀족의 개인 교수가 되어 그와 함께 유럽

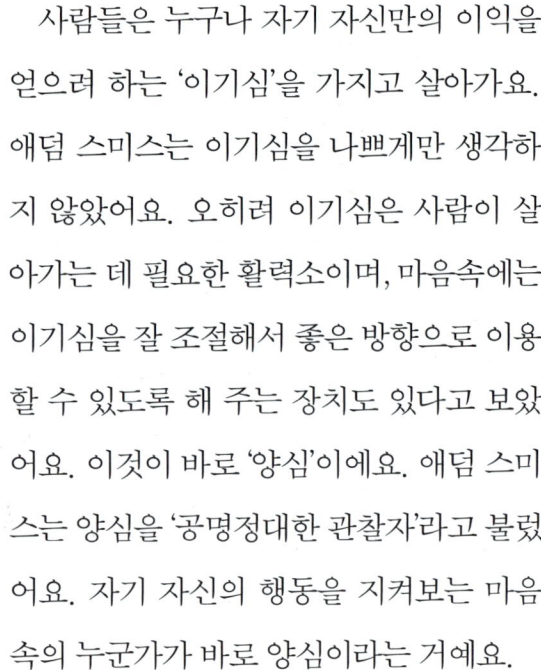

전체를 여행할 기회가 생겼어요. 그는 이 여행을 통해 당대의 유명한 학자를 많이 만날 수 있었어요. 그 후부터 애덤 스미스는 경제에 많은 관심을 갖게 되었어요.

여행을 마치고 돌아온 애덤 스미스는 '어떻게 하면 모든 국민이 잘사는 나라가 될 수 있을까?'에 대해 고민했어요. 그리고

10여 년 동안 그에 관한 책을 쓰는 데 온 관심을 기울였어요.

애덤 스미스는 한번 생각에 빠져들면 온통 그것에만 파고드는 버릇이 있었어요. 그래서 어느 날 밤, 고민에 빠진 채 잠옷 차림으로 정원을 돌아다니다 집에서 한참 떨어진 곳에서 새벽녘에야 정신을 차린 적이 있었어요. 또 어떤 때는 홍차를 끓이다가 생각에 잠겨 빵과 버터를 물속에 담가 버리거나 물웅덩이에 빠져 옷을 버리기도 했어요.

애덤 스미스의 이런 집중력은 1776년에『국부론』을 완성하는 힘이 되었어요.『국부론』의 원제목은『국가의 부의 원인과 성질에 관한 탐구』예요. 우리는 이것을 줄여서 간단히『국부론』이라고 해요.

순전한 이익, 이윤

일반적으로 '이윤'이란 장사 등을 하고 남은 돈을 말해요. 그렇지만 경제학에서는 이윤을 매우 구체적으로 정의해 놓았어요. 경제학의 이윤은 기업에서 상품을 만들어 판매하여 벌어들인 돈 중에서 상품을 만드는 데 들어간 비용을 뺀 나머지 이익을 말해요. 기업이 상품을 판매하여 벌어들인 값 전체를 '총수입'이라고 하고, 상품을 만드는 데 들어간 비용을 '총비용'이라고 해요. 이윤은 총수입에서 총비용을 뺀 것으로, 기업은 이윤을 많이 남겨야 이익이 되기 때문에 이윤을 위해 움직여요.

이기심이 이익을 낳는다

『국부론』은 국가를 잘살게 하는 방법에 대해 쓴 책이에요.

1800년대 초 영국 런던의 수산 시장 모습

이 책에서 애덤 스미스는 『도덕 감정론』에서 다루었던 인간의 이기심을 경제를 관찰하는 틀로 사용했어요. 인간이 경제 활동을 하는 것은 바로 자신의 이익을 추구하기 위한 이기심 때문이라는 거예요.

애덤 스미스는 『국부론』에서 이렇게 말했어요.

"우리가 먹고사는 것은 쌀을 생산한 농부, 고기를 파는 정육점 주인, 빵을 만드는 기술자의 이기심 덕분이다."

농부와 정육점 주인, 기술자는 다른 사람을 위해서가 아니라 물건을 팔아서 자신의 이익을 남기려고 해요. 농부는 쌀을 팔아 이윤을 남기려 하고, 정육점 주인은 고기를 팔아서 이윤을 남기려 하고, 빵 만드는 기술자는 빵을 팔아 이윤을 남기려는 거예요. 그렇지만 이들의 이기심은 따져 보면 서로서로 잘 먹고 잘살게 도운 것이라고 할 수 있어요.

다시 말해, 사람들이 각자 자신의 이익을 챙기려는 생각으로 일하다 보면 결국은 모두가 잘 먹고 잘살게 된다는 거예요. 그래서 애덤 스미스는 물건을 사는 사람과 파는 사람의 이익을 위한 경제 활동이 바로 사회 전체의 이익을 가져온다고 주장했어요.

너희가 '보이지 않는 손'을 아느냐?

또한 애덤 스미스는 도덕철학에서 '공명정대한 관찰자'가 인간의 이기심을 조절해 준 것처럼 경제에는 '보이지 않는 손'이 있다고 주장했어요. '보이지 않는 손'은 『국부론』 중 우리에게 가장 널리 알려진 이론으로, 경제 활동에서 제일 중요한 물건의 가격에 대한 거예요.

물건의 가격은 국가가 나서서 정해 주지 않는데도 저절로 결정되어 사고 팔려요. 이처럼 보이지 않게 저절로 가격이 결

셀 수 없이 많은 시장

시장은 과자나 빵을 파는 슈퍼마켓 같은 곳만을 가리키는 말이 아니에요. 서로 가진 것을 바꾸는 교환과 사고파는 거래가 이루어지는 모든 곳을 시장이라 불러요. 그래서 시장의 종류는 셀 수 없이 많아요. 주식 거래가 이루어지는 '주식 시장', 노동자와 기업가 사이에서 노동력 거래가 이루어지는 '노동 시장', 돈거래가 이루어지는 '금융 시장' 등이 있어요.

정되는 힘을 애덤 스미스는 '보이지 않는 손'이라고 했어요. 예를 들어 보면 다음과 같아요.

학교 정문 앞에 아이스크림을 1,000원에 파는 가게가 있었어요. 한여름이 되자 아이스크림을 찾는 아이들이 늘어 아이스크림이 매우 잘 팔렸어요. 가게 주인은 더 많은 이윤을 남기기 위해 아이스크림 가격을 1,500원으로 올렸어요. 아이들은 불만이 많았지만 다른 곳에서는 아이스크림을 팔지 않으니 어쩔 수 없이 그 가게에서 아이스크림을 사 먹었어요. 하지만 어떤 아이들은 너무 비싸다는 생각에 그 가게에 더 이상 가지 않게 되었어요.

그러던 어느 날, 학교 후문 가까운 곳에 다른 아이스크림 가게가 생겨 똑같은 아이스크림을 900원에 팔기 시작했어요. 아이들은 후문에 있는 가게로 벌떼처럼 모여들었어요. 이제 정문 앞 가게에는 아무도 가지 않게 되었어요. 손님이 끊겨 문을 닫을 지경이 된 정문 앞 가게 주인은 결국 1,500원으로 올렸던 가격을 1,000원이 아니라 후문 아이스크림 가게의 가격인 900원에 맞추어 내리지 않을 수 없었어요. 그래서 이 동네 가게의 아이스크림 가격은 저절로 900원이 되었어요.

이때 아이스크림 가게를 '시장', 아이들이 아이스크림을 사려고 하는 요구를 '수요', 아이스크림 가게 주인이 아이스크림을 팔려고 하는 행위를 '공급'이라고 불러요. 그리고 저절로 가격이 조정된 아이스크림 가격 900원을 바로 '시장 가격'이라 불러요. 시장 가격은 수요와 공급이 맞아떨어져 결정되는 가격이에요.

시장 가격은 처음부터 한 가지 물건에 하나의 가격이 있는 것이 아니라 시장에서 여러 과정을 거쳐 적정한 가격으로 통일돼요. 아이스크림 가격이 1,000원에서 1,500원으로 올랐다가 결국 900원으로 바뀌는 것처럼 말이에요. 애덤 스미스는 누가 조정을 해서 가격이 정해지는 것이 아니라 아무도 모르는 사이에 시장에서 경쟁을 통해 저절로 합리적인 가격이 만들어진다고 하여 이것을 '보이지 않는 손이 가격을 결정한다'

돈의 역사

화폐는 불, 수레바퀴와 더불어 인류 역사상 위대한 3대 발명품 중 하나로 불려요. 하지만 화폐가 없던 옛날에는 물건과 물건을 서로 바꾸는 '물물 교환'으로 필요한 물건을 구했어요. 그러다 점차 곡식, 가축 등 생활필수품을 가지고 필요한 물건을 바꾸는 '물품 교환'을 했어요. 하지만 곡식, 가축은 가치가 자꾸 변해 점차 동물의 뼈나 조개 껍데기, 베 등 가치가 일정하고 보관과 운반이 쉬운 것을 이용하게 되었어요. 이후 보관이 쉬운 금속을 이용하여 동전을 만들어 쓰면서 오늘날과 같은 화폐가 생기게 되었어요.

토지, 노동, 자본
생산의 3대 요소

'생산'이란 돈을 가지고 땅을 사거나 빌려서 공장을 세우고, 기계를 사고, 일할 사람을 구하고, 원료를 사서 잘 팔리는 물건을 만드는 거예요. 공장뿐만 아니라 쌀이나 배추를 농사짓는 것에도 땅과 사람, 씨앗과 비료 등이 필요하기 때문에 '생산'이라 불러요. 이처럼 생산을 하기 위해 들어가는 모든 재료를 '생산 요소'라고 하는데, 생산에 필요한 땅 등의 자연환경은 '토지', 일할 사람들의 노력은 '노동', 들어가는 돈은 '자본'이라고 불러요. 토지와 노동, 자본은 어떤 물건을 만들 때 꼭 필요하기 때문에 '생산의 3대 요소'라고 해요. 생산의 3대 요소는 경제학에서 없어서는 안 될 매우 중요한 개념이에요.

고 했어요.

또한 애덤 스미스는 이처럼 '보이지 않는 손'이 제 역할을 하려면 정부가 간섭이나 통제를 하면 안 된다고 주장했어요. 또한 국가와 국가 간의 거래에서도 정부가 간섭하지 않아야 한다고 주장했어요.

과정을 나누어서 일하라, 분업

애덤 스미스가 살던 시절은 금덩어리를 많이 가지고 있는 나라가 부자 나라였어요. 그런데 애덤 스미스는 『국부론』에서 금과 은은 나라를 부유하게 해 주지 않으며, 국민의 생활에 필요하고 도움이 되는 물건이 많아야 부자 나라가 된다고 했어요. 그러려면 노동 생산성을 늘리고, 국가와 국가 간의 거래에서 정부의 간섭이 없어야 국가의 이익이 늘어난다고 주장했어요.

애덤 스미스는 노동 생산성을 늘려 부자 나라가 되려면 분

1800년대 공장에서 일하는 노동자들의 모습

업을 해야 한다고 주장했어요. 예를 들면 어떤 물건을 A라는 사람이 한 시간에 2개를 만들고, B라는 사람은 한 시간에 4개를 만든다면 A라는 사람보다 B라는 사람의 노동 생산성이 더 높다고 말해요. 그러니까 노동 생산성은 주어진 시간에 어느 정도의 물건을 만들어 낼 수 있느냐를 말하는 거예요.

'분업'이란 일을 나누어 하는 것인데 지금은 분업이 널리 퍼져 놀라울 것 없는 내용이지만 당시로써는 아주 대단한 주장이었어요.

그는 모든 국민이 잘살기 위해서는 일을 나눠서 해야 한다고 주장했어요. 그래서 애덤 스미스는 『국부론』에서 주어진 시간 안에 주어진 인원으로 바늘을 가장 많이 만드는 방법은 바로 분업이라고 주장하면서 예를 들어 설명했어요.

맨 앞쪽의 첫 번째 사람은 철사를 잡아당기는 일만 하고, 두 번째 사람은 철사를 똑바로 펴는 일만 하며, 세 번째 사람은 철사를 자르는 일만 한다. 그리고 네 번째 사람은 철사의 끝을 뾰족하게 만들고, 마지막 다섯 번째 사람은 바늘귀를 만들기 위해 끝을 두드린다. 이렇게 10명이 각각 일을 나누어 작업하면 하루에 바늘을 약 4,000개 이상 만들 수 있다. 하지만 모든 과정을 혼자 작업하면서 하루에 만들 수 있는 바늘은 고작 20개도 안 될 것이다.

이렇게 애덤 스미스는 분업을 하면 생산성이 높아져서 같은 시간 안에 훨씬 많은 물건을 만들 수 있다고 주장했어요. 또한 이렇게 많은 상품을 생산하게 되면 노동자가 일하고 받을 수 있는 금액도 올라가고, 모든 사람이 더 많은 부를 쌓을 수 있

다고 했어요. 애덤 스미스의 분업은 나중에 미국에서 자동차 왕 헨리 포드를 통해 큰 빛을 보게 돼요.

시장과 경쟁, 분업을 설명한 『국부론』은 당시 매우 큰 인기를 누렸어요. 처음 찍은 책이 6개월 만에 동날 정도였어요. 영국의 정치인들은 애덤 스미스의 이런 주장을 정책에 반영하기도 했어요. 물론 지금은 그때와 또 사정이 많이 달라요. 하지만 애덤 스미스의 『국부론』은 근대적인 경제학을 설명한 최초의 책이자, 대표적인 책으로 손꼽혀요. 또 처음으로 경제에 대해 전문적으로 연구하기 시작한 사람으로서 애덤 스미스를 '경제학의 아버지'라고 부르며 그가 경제학에 남긴 업적은 오늘날까지도 이어지고 있어요.

애덤 스미스 | 1723년 영국에서 태어나 1790년에 세상을 떠난 애덤 스미스는 경제학자이자 철학자로서 근대 경제학의 시조예요. 글래스고 대학과 옥스퍼드 대학에서 공부하였으며, 1751년 글래스고 대학의 도덕철학 교수가 되었어요. 애덤 스미스의 대표작은 1759년에 발표한 『도덕 감정론』과 1776년에 발표한 『국부론』이에요. 그는 1790년 『도덕 감정론』의 6번째 수정 작업을 마치고 세상을 떠났어요.

토머스 맬서스
Thomas Malthus, 1766~1834

인구는 기하급수적으로, 식량은 산술급수적으로

🍪 세상의 비난을 받은 책

　1843년에 영국의 작가 찰스 디킨스는 『크리스마스 캐럴』이라는 소설을 발표했어요. 이 소설은 19세기 초, 영국 런던에 사는 스크루지라는 사람에 대한 이야기예요.

　자린고비 구두쇠 영감 스크루지는 인정이라곤 눈곱만큼도 없었어요. 그런 그에게 크리스마스 전날, 어느 신사가 찾아와 가난한 사람을 돕기 위해 기부를 해 달라고 부탁했어요. 그러자 스크루지는 "게으름뱅이들을 즐겁게 해 줄 만큼 넉넉하지 않다. 가난한 사람들이 차라리 죽는다면 남아도는 인구를 줄일 수도 있을 테니 그게 나을 거다"라며 그 신사를 내쫓아 버렸어요.

　그런데 그날 밤, 꿈속에 유령이 스크루지를 찾아왔어요. 유령은 스크루지를 데리고 시간 여행을 떠나 그의 과거와 현재 그리고 미래의 모습을 보여 주었어요. 스크루지는 그제야 자신이 얼마나 불행한 사람인지 깨닫고 이웃에게 베풀 줄 모르는 자신의 잘못을 뉘우

토머스 맬서스

쳤어요.

디킨스가 이런 소설을 쓴 데에는 이유가 있었어요. 당시 토머스 맬서스는 『인구론』이라는 책을 통해 가난한 사람들을 도와서는 안 된다는 주장을 했어요. 그러자 영국 의회는 이 주장을 받아들여 법을 바꾸어 버렸어요. 디킨스는 이 사실에 매우 화가 나 소설 속 인물인 스크루지를 통해 맬서스를 비판한 거예요.

맬서스의 책 『인구론』을 문제 삼은 사람은 디킨스뿐만이 아니었어요. 당대 유명한 시인이었던 윌리엄 워즈워스, 콜리지, 셸리와 철학자인 엥겔스까지 그를 비난했어요. 그의 책 한 권이 세상을 뒤흔들어 놓았던 거예요.

산업 혁명이 사회를 뒤흔들다

1766년, 영국의 작은 시골 부잣집에서 태어난 맬서스는 약간 말을 더듬기는 했지만 영리하고 똑똑한 소년이었어요. 맬서스의 아버지는 부자에다 괴짜이기도 해서 당대의 유명한 예술가, 문학가, 철학자들과 두루 친하게 지냈어요.

맬서스는 아버지의 영향을 받아 남들과 다른 눈으로 세상을 보았어요. 맬서스의 아버지는 아들 맬서스와 철학, 역사, 경제, 문학 등 여러 방면에 걸쳐서 대화 나누기를 좋아했어요. 그중 맬서스가 특히 관심을 보인 분야는 경제였어요.

1784년, 맬서스는 목사가 되겠다는 꿈을 안고 케임브리지 대학에 들어갔어요. 하지만 교수들은 맬서스가 말을 더듬기 때문에 목사가 되기는 어려울 거라고 생각했어요. 그럼에도 수학과 철학 등 여러 학문을 두루 공부한 맬서스는 스물두 살이 되던 1797년에 목사가 되었어요. 이때부터 맬서스는 변화하는 사회를 유심히 지켜보았어요.

당시 영국은 산업 혁명이 한창이었어요. '산업 혁명'이란 18세기 중엽, 기계가 발명되면서 불어닥친 사회·경제의 큰 변화를 말해요. 이전까지 생활에 필요한 물건은 규모가 작은 작업장에서 간단한 도구를 이용해 손으로 만들어 냈어요. 이것을

산업이란 무엇일까?

사람들이 풍요로운 생활을 위해 재화를 만들어 내는 것을 '산업'이라고 해요. 그래서 산업을 경제가 움직이는 원동력이라고 말해요. 산업은 크게 세 가지 분야로 나눌 수 있어요. 농업, 수산업, 목축업 등의 '1차 산업', 원자재를 가지고 새로운 상품을 만들어 내는 광공업, 건설업 등의 '2차 산업', 1차 산업과 2차 산업을 바탕으로 사람이 생산과 소비에 필요한 노동을 제공하는 상업, 통신업, 금융업 등의 '3차 산업'이에요.

산업 혁명 때 발명된 실을 만드는 기계 방직기

'가내 수공업'이라고 해요. 그런데 점차 기술이 발전하면서 기계가 발명되자, 큰 공장에서 한꺼번에 물건을 많이 만들어 내기 시작했어요.

당시 제일 먼저 발명된 기계는 옷감을 짜는 자동 베틀이었어요. 그때는 면직물이 많이 필요했기 때문이었어요. 자동 베틀의 발달은 옷감 생산량을 늘렸을 뿐만 아니라 옷감과 관련된 실을 잣는 기계, 옷감 기계를 만드는 데 필요한 철강 공업, 그 기계를 생산하게 만드는 연료인 석탄 산업 등을 함께 발달시켰어요.

산업 혁명의 바람은 농촌도 변화시켰어요. 농사지을 때 쓰는 농기계가 만들어져 농사를 손쉽게 지을 수 있게 되었고 이렇게 되자 기계를 이용하기 시작한 농장들은 점점 덩치가 커져 대형 농장이 되었어요. 또 농촌까지 커다란 공장들이 들어섰어요. 그러자 농촌에서 농사짓던 농민들은 자신들의 땅에서 쫓겨나 공장 노동자가 되었어요. 이들은 공장에서 힘들게 일하면서도 비좁은 집에서 살며 헐벗고 굶주려야 했어요.

하지만 한편으로는 장밋빛 희망도 가지고 있었어요. 전에는 상상조차 하지 못했던 엄청난 양의 물건을 만들어 내는 공장의 모습은 꿈만 같았기 때문이었어요. 사람들은 좀 더 고생해서 경제가 발전하면 모두가 잘사는 세상이 될 거라고 믿었어요.

그렇지만 세상은 사람들이 바라는 방향으로만 변화하지 않았어요. 이때 맬서스도 공장에서 많은 물건을 만들어 낸다고 해서 모두가 잘살게 될 거라고 생각하지 않았어요.

맬서스는 종종 고향 집에 들러 아버지와 세상 돌아가는 일에 대해 토론하곤 했어요. 아버지와 아들의 토론은 철학과 역사, 문학, 정치, 경제 등 분야를 가리지 않았어요. 그중 맬서스가 관심을 가진 것은 인류의 미래에 대해서였어요.

세금은 왜 걷을까?

'정부'란 나라를 통치하는 기구를 말해요. 정부는 국민이 쾌적하고 편안하게 살 수 있도록 나라를 지키고 교육을 하고 재해 예방 등 여러 가지 활동을 해요. 그러자면 많은 돈이 필요하기 때문에 국민에게 '세금'이라는 이름으로 돈을 걷어요. 정부는 세금으로 길과 학교, 도서관 등을 만들고 소방관, 경찰관 같은 공무원에게 월급을 줘요. 세금은 다양한 방법으로 걷는데 일을 해서 번 돈의 일부를 '소득세'라고 하여 걷기도 하고, 집이나 땅 등을 가지고 있는 사람들에게 '재산세'라고 하여 걷기도 해요. 또 물건값에는 10퍼센트의 세금이 붙어 있는데 이것은 '부가가치세'라고 불러요.

프랑스 대혁명

1789년 7월 14일에 프랑스에서 일어난 시민 혁명을 '프랑스 대혁명'이라고 불러요. 당시 프랑스는 절대 왕정이 지배하던 시기로, 신분 체제 등이 모순적인 제도가 사회를 뒤덮고 있었으며 동시에 계몽주의 사상가들의 영향으로 지식인들은 물론 국민들이 점차 사회의 모순에 눈을 뜨기 시작했어요. 사회 소수층인 로마 가톨릭의 고위 성직자·귀족이 부와 권력을 독점하고 영국 편에 서서 미국의 독립 전쟁에 참전하여 국가 재정을 파탄 나게 한 것 등은 프랑스 시민 계급의 불만을 극심하게 하여 사회 개혁 의지에 불을 붙였어요. 그 결과, 들고일어난 프랑스의 시민 계급으로 인해 혁명은 성공하였고 정치권력이 일반 시민에게 넘어갔으며 자유·평등·박애의 자유주의 이념이 프랑스는 물론 유럽 각국에 퍼져 사회 변혁의 도화선 구실을 하였어요.

『인구론』, 인구 증가는 멸망을 가져온다

맬서스가 살던 당시 영국은 산업 혁명 때문만이 아니더라도 혼란스럽기 그지없는 상태였어요. 1755년부터 1783년까지는 자신들의 정책에 반발한 미국과 독립 전쟁을 해야 했고, 1789년에는 프랑스에서 시민 혁명이 일어나 영국 시민마저도 자유와 평등, 박애를 원하는 목소리가 커질 때였어요. 이런 상황 속에서 맬서스는 미래의 인류 문제에 대해 진지하게 고민하게 되었어요.

1798년, 맬서스는 아버지의 권유로 『인구론』이란 책을 발표했어요. 원제목은 『미래의 사회 진보에 영향을 미치는 인구 원리에 관한 소론』이에요. 그 내용은 '인구가 폭발적으로 늘어나면 먹을 것이 모자라서 인류가 멸망한다'는 것이었어요.

『인구론』은 '인구가 많으면 많을수록 일을 더 많이 해서 많은 상품을 생산할 수 있고, 나라도 부강해진다'고 믿고 있던 영국 사회를 단번에 큰 충격으로 몰아넣었어요.

맬서스는 사람들이 결혼해서 자식을 낳고, 그 자식은 또 결혼해서 자식을 낳아 인구는 폭발적으로 증가하지만 농사지을 땅은 그대로이기 때문에 이렇게 늘어난 가족 수가 식량 생산량을 훨씬 앞질러 먼 미래에는 식량이 부족해질 거라고 말했어요. 맬서스가 『인구론』에서 말하는 주된 내용은 다음과 같아요.

세모 양과 네모 군이 결혼하여 부부가 되었어요. 그 뒤 세모 양과 네모 군은 2명의 아이를 낳았어요. 세모 양과 네모 군, 이렇게 2명뿐이던 가족 수는 4명으로 늘어났어요. 2명의 아이도 자라서 결혼을 하고 각각 2명의 아이를 낳았어요.

그 뒤 계속 아이들이 자라 결혼을 해서 각각 2명의 자녀를 낳으면 100년, 200년, 300년 후에는 어떻게 될까요?

1, 2, 4, 8, 16, 32, 64, 128, 256, 516…… 가족의 수는 이렇게 계속 늘어날 거예요. 그렇지만 이들 가족이 먹을 식량은 1, 2, 3, 4, 5, 6, 7, 8, 9, 10…… 이렇게 조금씩만 늘어나요.

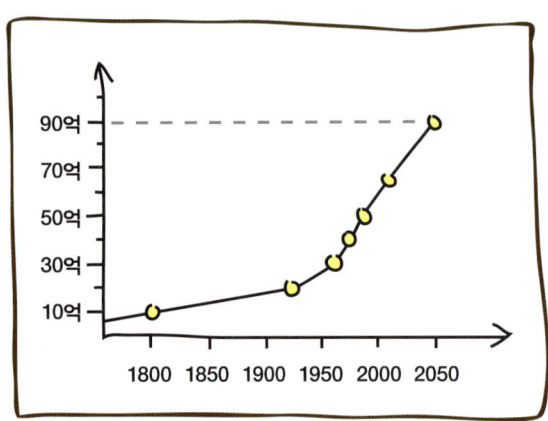
인구 증가 추세를 나타내는 그래프

다시 말해, 이런 식으로 200년이 흐르면 인구는 식량에 비해 28배나 많아지며 인구가 이렇게 계속 증가하면 300년 뒤에는 밥 한 그릇을 300명이 나누어 먹는 상황이 올지도 모른다는 거예요. 맬서스는 인구의 증가를 막기 위해서는 결혼도 늦게 하고, 아이도 적게 낳아야 한다고 했어요.

가난한 사람은 구제하지 마라

맬서스가 『인구론』에서 인구 증가를 막기 위해 주장한 또 한 가지는 '자식이 많은 가난한 사람에 대한 정부의 복지 혜택을 줄여라'라는 것이었어요. 가난한 사람을 도와주면 세금 부담이 커지고, 인구는 늘어나며, 일하고 싶은 마음마저 떨어뜨린다고 생각했거든요. 맬서스가 이런 주장을 한 것은 당시 사회의 모습과 관계가 있어요.

산업 혁명으로 농촌의 많은 사람이 고향을 떠나 도시의 공장 노동자가 되어야 했어요. 그들은 힘들게 공장에서 일하고 허름한 곳에서 살며 맛없고 딱딱한 빵만으로 끼니를 때워야 했어요. 그 뒤 전쟁과 흉년으로 식량이 부족해지자 노동자들은 점점 더 살기 힘들어졌어요. 영국 정부에서는 '빈민법'을 만들어 가난한 사람들이 빵을 살 수 있도록 보조금을 주었어요.

그런데 곡물값이 하늘 높은 줄 모르고 계속 치솟자, 나랏돈은 점점 줄어들어 갔어요. 하지만 가난한 사람들은 곡물값이 오르는 것은 중요하게 여기지 않았어요. 정부의 보조금으로 굶지는 않았기 때문이에요.

맬서스의 주장대로 국가 재정 상태는 점점 더 나빠지고 인구는 늘었지만, 일하지 않아도 먹고사는 데 불편함이 없는 가난한 사람들은 열심히 일하려고 하지 않았어요. 그러자 국가는 결국 '빈민법'을 바꿔 일하는 빈민과 일하지 않는 빈민을 차별하여 돕기 시작했어요.

최소한의 생존권, 사회 보장 제도

'사회 보장'을 뜻하는 영어는 '안전, 태평' 등의 의미가 있어요. 그래서 '사회 보장'이란 평온한 삶을 사회가 안전하게 지켜준다고 하여 실업, 노령, 질병, 사망 등 때문에 돈을 벌 수 없게 된 사람들을 정부에서 도와주고 보호해 준다는 뜻이에요. 사회 보장 제도는 1601년 영국의 구민법 등에서 처음 시작되었다고 볼 수 있어요. '구민법'이란 일할 능력이 있는 사람에게 세금을 걷어 일할 능력이 없는 사람을 돕는 법이에요. 이후 1900년대가 되어 미국에도 사회 보장법이 생겨나면서 오늘날과 같은 의미의 사회 보장 제도가 시행되었어요. 이때의 사회 보장법은 정부가 가난 문제를 해결하기 위해 발 벗고 나서야 한다는 것이었어요.

눈에 보이는 재화와 보이지 않는 용역

우리는 음식이나 옷 같은 재화만으로는 살 수 없어요. 학교에서 선생님이 학생들을 가르치는 것, 경찰이 시민의 안전을 지켜 주는 것 등 물질적인 것은 아니지만 우리가 원하는 것을 해 주는 용역도 꼭 필요해요. '용역'이란 다른 사람을 만족시키기 위한 행위를 말해요. 다른 말로는 '서비스'라고 불러요. 형태와 무게가 있는 상품을 재화라고 한다면 형태와 무게가 없는 상품을 용역이라고 해요. 예를 들어, 머리를 자른다고 할 때 집에서 엄마가 잘라 주면 용역이 아니지만 미용실에서 돈을 주고 자르면 용역, 즉 서비스가 돼요.

맬서스의 이런 주장은 부자들의 이익만 생각하는 잘못된 것이라고 많은 비난을 받았어요. '부끄러운 줄 모르는 지배 계급의 아첨꾼'이라는 별명까지 얻을 정도였어요.

하지만 맬서스는 인구 폭발 때문에 재앙이 오면 가장 먼저 피해를 볼 사람도 바로 가난한 사람들이라고 생각해서 이들에게 닥칠 재앙을 미리 막고 싶었던 거예요.

 무조건 아끼는 것도 좋지 않다

『인구론』으로 유명한 학자가 된 맬서스는 1805년, 동인도 회사가 설립한 대학에서 역사학과 정치경제학 강의를 맡으면서 영국 최초의 경제학 교수가 되었어요. 당시 경제학은 철학이나 법학에 딸린 학문으로 여겨졌기 때문에 경제학의 아버지 애덤 스미스도 대학에서는 도덕철학 교수로 있었어요.

경제학 교수가 된 맬서스는 1815년 『정치경제학 원론』이라는 책을 발표하는 등 그 뒤로도 빈민이나 식량 문제 같은 현실적인 문제에 대해 많은 연구를 했어요. 특히 『정치경제학 원론』에서 맬서스는 경쟁에 의해 움직이는 자본주의 시장 경제에 아주 심각한 문제가 있다는 것을 밝혀냈어요.

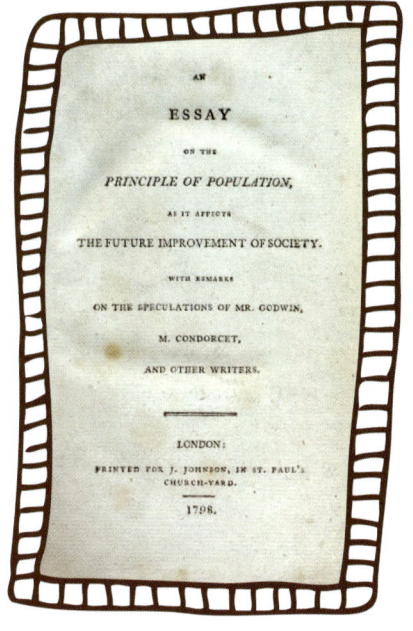

『인구론』의 속표지

당시 사람들은 상품을 많이 만들어 내는 것을 중요하게 생각했지만 맬서스는 이렇게 생산된 상품이 팔리지 않아 경제가 멈추어 설 수도 있다는 사실을 깨달았어요. 가게에서 물건이 안 팔리면 물건을 만드는 공장은 돈을 벌 수 없고, 그럼 일하는 사람들에게도 임금을 줄 수 없어 사람들을 내보내야 하고, 결국 사람들은 할 일이 없어져 가난해진다는 것이었어요. 이런 주장을 '과소 소비설'이라고 불러요. '과소'란 지나치게 적다는 뜻으로, 지나치게 소비를 적게 하면 경제에 심각한 문제가 된다는 주장이에요.

그런데 당시 사람들은 맬서스의 이런 주장이 얼마나 뛰어난 것인지 알지 못했어요. 그의 주장은 그가 죽은 지 100여 년이

맬서스의 가족이 살았던 영국 서리 주 앨버리에 있는 집

지난 후 케인스라는 미국의 경제학자를 통해 빛을 발하게 되었어요.

 맬서스가 『인구론』을 주장한 지 200여 년이 지난 오늘날, 인구는 출생률의 감소로 맬서스가 주장했던 것처럼 25년마다 두 배씩 늘어나지는 않았어요. 또한 농업 기술도 눈부시게 발전해 세계 인구의 3퍼센트에 불과한 농민들이 전 세계 인구를 먹여 살리기에 충분한 양의 식량을 생산하고 있어요. 하지만 맬서스의 주장이 틀렸다고도 할 수 없어요. 맬서스가 생각한 식량과 인구의 문제는 오늘날 아프리카 같은 가난한 지역에서는 여전히 사람들의 삶을 위태롭게 하고 있기 때문이에요.

토머스 맬서스 | 1766년 영국에서 태어난 경제학자 토머스 맬서스는 케임브리지 대학에서 수학을 비롯하여 라틴어, 그리스어 등 다양한 분야를 공부하고, 1793년 대학 교수가 되었어요. 이후 1798년에는 목사로서 앨버리에서 부목사로 일하던 중 대표작인 『인구론』을 발표하였어요. 『인구론』에서 그는 인구가 항상 식량의 공급보다 빨리 증가하기 때문에 인류의 진보는 인구 문제를 해결하지 않으면 불가능하다고 주장하였어요. 1805년 동인도 대학의 경제학 교수를 지냈고, 1818년 영국의 지식인과 학자들의 모임인 영국 왕립 협회의 회원으로 활동하다 1834년 세상을 떠났어요.

데이비드 리카도
David Ricardo, 1772~1823

자유 무역이 부를 만든다

『국부론』에 감명을 받은 사나이

1799년, 영국의 남부 지방에 있는 배스라는 온천 휴양지에 어느 가족이 찾아왔어요. 그들은 매우 슬픈 표정이었어요.

"여보, 이곳에서 마음을 추스릅시다."

"하지만……."

"세상을 떠난 우리 아이도 그걸 바랄 거요."

이들 가족은 얼마 전 아이를 잃고 상심한 나머지 건강이 나빠진 부인을 위해 잠시 들른 것이었어요. 남편의 이름은 데이비드 리카도였어요. 그는 어린 시절부터 아버지의 일을 돕기 시작해 뛰어난 주식 중개소 중개인으로 많은 돈을 벌었어요.

이들 가족이 배스에서 몸도 마음도 차츰 건강을 되찾아 갈 때쯤이었어요. 리카도는 여느 때처럼 배스에 있는 도서관에 들렀어요.

"애덤 스미스의 『국부론』? 사람들이 많이 빌려 갔었나 보네. 책이 많이 닳았군."

왠지 리카도는 그 책에 관심이 갔어요. 그래서 『국부론』을 빌려다 읽기로 했어요.

『국부론』을 읽기 시작한 리카도는 애덤 스미스의 사상에 흠뻑 빠져들어 깊은 감명을

데이비드 리카도

투자와 주식, 주식회사

'투자'란 가지고 있는 돈으로 땅이나 건물을 사거나 은행 적금과 같은 금융 상품을 이용해서 돈을 불리는 것을 말해요. 투자하는 대상에는 주식, 부동산 등 여러 가지가 있어요. 그중 '주식'이란 회사를 만드는 데 필요한 자본금을 여러 개인이나 단체들로부터 투자받아 만든 회사인 '주식회사'에서 투자를 증명하기 위해 발행하는 증서를 말해요. 주식을 받고 돈을 투자한 사람을 '주주'라고 불러요. 주식 투자를 하는 목적은 주식회사가 번 돈을 나누어 받거나 샀던 가격보다 비싸게 주식을 팔아 돈을 버는 데 있어요.

받았어요.

'아, 상품의 가격은 시장 상인이 마음대로 정하는 게 아니라 보이지 않는 손이 결정하는 거구나!'

주식 거래는 누구 못지않게 잘한다고 자부하던 리카도였지만, 경제에 관한 지식이 턱없이 부족하다는 것을 깨닫고 당장 경제학 공부를 시작해야겠다고 결심했어요.

애덤 스미스를 계승한 데이비드 리카도

리카도는 1772년 영국의 런던에서 태어났어요. 그의 아버지는 영국에 이민을 온 유대인으로, 증권 거래소의 중개인이었어요. 그래서 리카도는 매우 풍족한 어린 시절을 보냈어요. 그의 아버지는 리카도가 자신의 뒤를 이어 증권 거래소 중개인이 되길 바랐어요. 그래서 리카도가 열네 살이 되던 해, 리카도를 상업학교에 입학시키고 자신 또한 그에게 주식과 채권 거래에 대해 가르쳤어요.

　아버지의 재능을 이어받은 리카도는 주식과 채권을 거래하는 일에 뛰어난 재능을 발휘하여 20대 중반의 젊은 나이에 주식 투자에 성공하여 큰 부자가 되었어요. 하지만 리카도는 여기에 만족하지 않고 더 많은 것을 공부하고 싶어져 시간이 날 때마다 여러 분야의 책을 읽었고 심지어 과학 실험을 하기도 했어요. 그러다 우연히 애덤 스미스의 『국부론』을 읽은 후 본

영국 런던의 증권 거래소

돈을 갚겠다는 증서, 채권

'채권'이란 돈을 빌린 사람인 '채무자'가 돈을 빌려 준 사람인 '채권자'에게 언제까지 빌려 준 돈을 갚겠다고 약속한 증서예요. 빌려 준 돈을 갚기로 한 날짜는 '만기일'이라고 불러요. 채권은 정부나 기업에서 많은 돈을 한꺼번에 마련하기 위해 만드는 것으로, 주로 정부에서 많이 만들기 때문에 다른 투자에 비해 돈을 잃을 위험이 적어요. 채권자들은 만기일까지 정해진 기간 동안 이자를 받을 수 있고, 만기일 이전에도 채권을 팔 수 있어서 투자의 한 방법으로 이용해요.

격적으로 경제학 공부에 뛰어들었어요.

이후 리카도는 낮에는 증권 거래소에서 일하고 밤에는 경제학 책들을 읽었어요. 또 가끔 경제에 관한 글을 신문에 실으면서 자신의 경제 이론을 다져 갔어요. 이렇게 10여 년에 걸친 경제학 공부를 바탕으로 하여 1817년, 리카도는 드디어 『정치경제학과 과세의 원리』라는 책을 써서 경제학자로서 이름을 날리게 되었어요.

『정치경제학 및 과세의 원리』에서 리카도는 자유 무역이 서로 무역을 하는 두 나라 모두에 이롭다는 주장을 했어요. 이 책은 영국에서 『국부론』 다음으로 유명한 책이 되었어요.

리카도는 그 후에도 경제에 관한 연구뿐만 아니라 증권, 채권, 부동산 등에도 투자를 계속하여 40대에 영국의 100대 부자에 들 만큼 많은 돈을 모았어요. 비록 대학에서 정식으로 증권 거래나 경제학을 공부하지는 않았지만 그의 뛰어

난 재능은 주식 거래로 큰돈을 벌게 했고, 그 어떤 경제학자보다 이론에도 뛰어난 사람으로 만들었어요.

세계를 부유하게 하는 자유 무역

> **동산과 부동산**
>
> '재산'이란 개인이나 기업이 가진 돈과 경제적인 가치를 가지는 모든 것을 말해요. 재산 중에서도 건물, 땅처럼 옮길 수 없는 것을 '부동산'이라고 불러요. 그와 반대로 자동차, 보석 등 움직여서 옮길 수 있는 것을 '동산'이라고 불러요.

'무역'이란 나라와 나라가 서로 물건을 사고파는 것을 말해요. 어떤 나라가 다른 나라에서 물건을 사 오는 것은 '수입'이라 하고, 다른 나라에 물건을 파는 것은 '수출'이라고 해요. 자기 나라에 부족한 물건을 다른 나라에서 구할 수 있기 때문에 나라마다 서로 무역을 해요.

예를 들어, 우리나라는 석유가 한 방울도 나지 않지만 석유는 자동차, 비행기, 난방 등 다양한 곳에 꼭 필요하기 때문에 수입해서 사용해요.

그런데 많은 나라에서 수입보다는 수출을 하고 싶어 해요. 수출을 하면 다른 나라의 돈을 벌 수 있고, 수입을 하면 자기 나라에서 만든 물건이 잘 팔리지 않을 거라고 생각하니까요. 그래서 각 나라에서는 자기 나라의 산업을 보호하기 위해 수

영국과 미국을 오가는 오늘날의 무역선

입을 제한했어요. 이것을 '보호 무역'이라고 해요.

하지만 리카도는 나라와 나라 간의 무역에서 '자유 무역'을 해야 모두 잘사는 나라가 된다고 주장했어요. 자유 무역은 말 그대로 수입에 아무런 제한을 두지 않고, 수출과 수입을 자유롭게 한다는 뜻이에요. 리카도는 자유 무역을 하면 국민에게 더욱 값싸고 좋은 물건을 제공할 수 있기 때문에 잘사는 나라가 될 수 있다고 보았어요.

관세법을 두고 맬서스와 논쟁을 벌이다

리카도는 1811년에 맬서스와 처음 만난 이후 둘도 없는 친구가 되었어요. 하지만 경제에 대한 의견은 서로 달랐어요. 둘은 편지를 주고받거나 만나면서 서로의 논문을 비판하고 토론하며 지냈어요. 두 사람 사이에서 오간 편지만 167통이나 된다고 해요.

맬서스와 리카도가 가장 큰 의견 차이를 보인 것은 바로 '곡물 수입'과 관련된 문제였어요. 이 문제는 영국이 프랑스의 나폴레옹과 전쟁을 하던 시대로 거슬러 올라가요. 당시 영국은 다른 나라로부터 곡물을 수입해 오고 있었어요. 그런데 프랑스의 나폴레옹이 영국과 통하는 다른 나라의 모든 항구를 막아 영국이 곡물을 수입하지 못하도록 했어요. 이때부터 나폴레옹 전쟁이 진행되는 17년 동안 영국의 곡물 가격은 하늘 높은 줄 모르고 치솟았어요.

전쟁이 끝나자 영국은 다시 다른 나라로부터 곡물을 수입할 수 있게 되었어요. 하지만 이번에는 반대로 한꺼번에 엄청난 양의 곡물이 수입되면서 영국의 곡물 가격은 뚝 떨어져 버렸어요. 이에 엄청나게 수입이 줄어든 지주들은 영국 의회의 의원들에게 압력을 가하기 시작했어요. 결국 영국 의회는 1815년,

가격과 물가

'가격'이란 물건이 지니고 있는 가치를 돈으로 나타낸 거예요. 시장에서 사고파는 모든 물건은 저마다 가격이 있어요. 가격은 고정되어 있지 않아서 시간이 흘러 가격이 오르는 물건도 있고, 가격이 내리는 물건도 있어요. 이러한 물건 가격을 종합해서 가격이 오른 물건이 더 많으면 "물가가 올랐다"라고 말하고, 반대로 가격이 내린 물건이 더 많으면 "물가가 내렸다"라고 말해요. '물가'란 다양한 물건값을 종합해서 부르는 말이에요.

다양한 관세

수입하거나 수출하는 상품에 붙이는 세금을 '관세'라고 해요. 관세는 세 가지로 나눌 수 있어요. 수출하는 상품에 붙이는 '수출세', 수입하는 상품에 붙이는 '수입세', 어느 나라나 관세 지역을 통과해 다른 나라로 수입 혹은 수출할 때 붙이는 '통과세'예요. 관세는 정부가 세금을 많이 걷으려는 방법의 하나예요. 그렇지만 자기 나라의 뒤처진 상품을 보호하고 경제를 발전시키기 위해 걷기도 해요. 관세를 매겨서 수입품을 비싸게 팔면 그만큼 국내 상품에 경쟁력이 생기기 때문이에요.

곡물 가격을 예전처럼 높게 유지하기 위해 수입한 곡물에 무거운 세금을 물리는 법을 만들었는데 이것이 바로 '관세법'이에요. 그리고 1815년 영국에서 만든 관세법을 곡물의 수출입을 규제한다고 '곡물법'이라고 불러요.

곡물법이 생기자 맬서스와 리카도는 정반대의 주장을 하게 되었어요. 맬서스는 지주들의 편에 서서 곡물법을 옹호했지만 리카도는 곡물법을 반대했기 때문이었어요. 그렇지만 두 사람 사이의 관계가 나빠지기는커녕 오히려 더 많은 편지를 주고받으며 의견을 나누었어요.

리카도가 곡물법을 반대한 이유는 곡물법이 지주를 제외한 모두에게 나쁘다고 판단했기 때문이었어요. 수입해 오는 곡물에 높은 관세를 매겨 비싼 가격을 유지하면 식료품 가격이 오를 거예요. 그러면 가난한 사람들은 굶주려야 하고, 자본가들은 노동자의 임금을 올려 줘야 하니 이윤이 줄어들게 돼요. 그러면 결국 영국의 산업 발전에 나쁜 영향을 줄 수 있다는 것이었어요.

리카도는 곡물법을 폐지하기 위해 「낮은 곡물 가격이 수익률에 미치는 영향」이라는 글을 발표하는 등 여러 방면으로 노력했어요. 하지만 당시 영국 의회는 지주들의 힘이 셌기 때문에 리카도의 주장에 제대로 귀를 기울이는 사람은 없었어요. 그래서 낸 책이 바로 『정치경제학 및 과세의 원리』예요.

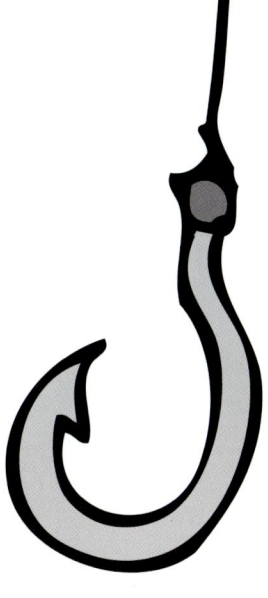

잘 만드는 한 가지로 무역하자, 비교 우위론

리카도는 사람들에게 무역이 왜 필요하고 자유 무역이 왜 좋은지 보여 주기 위해 애덤 스미스의 이론을 다시 한 번 살펴보았어요. 그 결과 『정치경제학 및 과세의 원리』에서 리카도는 애덤 스미스의 '절대 우위론'에서 한발 더 나아가 '비교 우위론'을 주장했어요.

이것을 무인도에서 낚시와 고구마 캐기로 살아가는 두 형제의 이야기로 살펴보면 다음과 같아요.

무인도에 두 형제가 살고 있었어요. 형은 낚시와 고구마 캐기를 잘

해서 오전 내내 물고기를 잡으면 3마리를 잡을 수 있고, 오후 내내 고구마를 캐면 6개를 캘 수 있었어요. 하지만 동생은 두 가지 일 모두 못해서 하루에 물고기 2마리와 고구마 1개밖에 캘 수 없었어요. 두 형제는 하루에 물고기 5마리, 고구마 7개, 모두 합해서 12개를 얻을 수 있었어요. 두 형제는 6개씩 나누어 먹었어요.

형은 생각했어요.

자유 무역과 보호 무역이 경제에 미치는 영향을 보여 주는 그림. 보호 무역 상점은 높은 가격 때문에 손님이 거의 없고, 자유 무역 상점은 손님이 가득하다.

'나와 비교하면 동생은 낚시도 못하지만 고구마 캐기는 더 못해. 그러니 동생은 낚시만 하고 난 고구마 캐기만 하면 어떨까?'

그래서 형은 온종일 고구마만 캤더니 모두 12개를 캘 수 있었어요. 동생은 온종일 낚시만 해서 4마리의 물고기를 잡았어요. 다 합하니 모두 16개였고, 두 형제는 사이좋게 8개씩 나눠 이전보다 배불리 먹을 수 있었어요.

자유 무역 협정(FTA)

'자유 무역 협정(FTA)'이란 무역을 하는 두 나라 사이에서 상품을 자유롭게 사고팔기로 하는 약속이에요. 자유 무역 협정을 맺으면 관세를 없애는 등 다른 나라보다 유리한 조건으로 무역을 할 수 있어요. 자유 무역 협정은 수입품의 가격을 낮추기 때문에 국내 상품보다 수입품이 잘 팔리게 돼요. 그래도 자유 무역 협정을 맺는 이유는 국내의 물가를 안정시키고 수출할 시장을 얻기 위해서예요. 우리나라는 2004년, 칠레와 처음으로 자유 무역 협정을 맺은 이후 싱가포르, 인도, 페루 등의 나라와 협정을 맺었어요.

형은 낚시와 고구마 캐기 모두 동생보다 모두 우위에 있는 '절대 우위'에 있다고 할 수 있어요. 애덤 스미스가 주장한 절대 우위론에 따르면 두 형제는 각자 고구마 캐기와 낚시를 해서 모두 12개를 얻는 데 만족해야 했을 거예요.

하지만 동생은 낚시를 맡고 형은 고구마 캐기만 맡으니 모두 16개를 얻게 되었어요. 여기에 리카도가 발견한 자유 무역의 비밀이 숨어 있어요. 형 혼자만 보면, 동생보다 두 가지 모두 잘하는 형이 하루 종일 고구마 캐기만 하는 것은 어리석게 보일 수도 있어요. 그렇지만 동생과 비교해 보면 물고기는 겨

1846년 곡물법 폐지 관련 집회

우 1마리 더 잡을 수 있는 데 비해 고구마는 무려 6배나 더 많이 수확할 수 있어요. 그렇다면 동생과 비교해 볼 때 형은 낚시보다 고구마 캐기를 더 잘한다고 말할 수 있어요. 리카도는 이것을 '비교 우위'라고 불렀어요.

비교 우위란 둘을 비교해서 더 나은 것을 말해요. 리카도가 말한 비교 우위는 이렇게 두 사람이 한 가지씩 나눠 갖는 것이라고 말할 수 있어요. 그래서 동생은 고구마 캐기보다 낚시에 비교 우위를 갖게 돼요. 형제가 고구마 3개, 물고기 1마리를 더 얻을 수 있었던 것은 각자 비교 우위를 갖는 일에만 전념했기 때문이에요.

다시 말하면, 사람마다 각자 잘할 수 있는 일이 있으니 그 일을 택해서 열심히 하는 게 중요하다는 거예요. 나라와 나라 사이의 무역도 마찬가지예요. 나라마다 비교 우위를 갖는 분야에 집중하면 세계는 더 많은 부를 만들 수 있다는 거예요. 애덤 스미스가 바늘 제조 공장에서 효율적인 분업을 발견했다면, 리카도는 국가들 사이에서도 분업이 효율적이라는 사실을 발견한 거예요.

임금은 아무렇게나 결정되지 않는다

곡물법 폐지를 위한 리카도의 활동은 1819년, 영국 의회의 의원이 되어서도 계속되었어요. 의회에서 그는 금융 개혁과 빈민 구제, 관세 철폐 등을 주장했어요. 그중 대표적인 것이 노동자들의 임금과 관련된 내용이에요.

'임금'이란 노동자가 일해서 얻는 대가예요. 임금은 기업가에게는 생산에 필요한 비용이고, 노동자에게는 자신과 가족이 먹고사는 데 가장 중요한 소득이에요. 그런데 리카도는 노동자들이 받는 임금은 늘 노동자 스스로 자신과 가족이 먹고사는 데 필요한 최소한의 비용만큼밖에 받을 수 없다고 주장했어요. 이것을 '임금 생존비설'이라고 불러요. 예를 들면 다음과 같아요.

하늘 마을에는 연필을 만드는 공장 하나뿐이에요. 그래서 마을 사람들 10명 중에 7명은 연필 공장에서 한 달에 1,000원씩 임금을 받고 일했어요. 어느 해, 연필이 잘 팔려서 연필 공장 사장은 1,000원 하던 임금을 1,500원으로 올려 주었어요. 그러자 마을 사람들의 생활은 풍족해져 결혼을 하고 자식을 많이 낳았어요. 점차 시간이 흘러 마을에는

노동자를 위한 최저 임금 제도

원래 임금은 기업가와 노동자가 서로 약속을 하여 결정하는 것이 원칙이에요. 하지만 노동자가 제 목소리를 내기에는 어려운 점이 많아서 불이익을 당할 수도 있어요. 그래서 국가에서는 노동자를 보호하기 위해 '최저 임금 제도'를 만들었어요. '최저 임금 제도'란 기업가가 노동자에게 주는 가장 낮은 임금의 한계를 정해 놓은 거예요. 우리나라에서 한 시간 동안 일을 했을 때 받을 수 있는 최저 임금은 2011년 현재 4,320원이에요.

연필 공장에서 일할 사람들이 많아져 임금을 많이 줄 필요가 없어지자, 연필 공장 사장은 이제까지 주던 임금 1,500원을 다시 1,000원으로 낮추었어요.

만약 연필 공장의 임금이 다시 1,000원에서 500원으로 더 낮추어지면 먹고살기 힘들어진 마을 사람들은 가난과 굶주림 때문에 자식을 낳기 힘들어질 거예요. 그러면 일할 사람들이 줄어들어 임금을 많이 주어야 하는 상황이 될 거예요.

리카도는 임금이 올라가면 인구가 늘어나 임금은 낮아지고, 임금이 낮추어지면 인구가 줄어들어 임금은 높아질 거라고 했어요. 그리고 이 상황이 반복되다 보면 노동자들은 늘 먹고사는 데 필요한 최소한의 가격밖에 벌 수 없어 계속 가난하게 살게 된다고 보았어요. 이 상황을 해결하기 위해서 리카도는 정부가 노동자의 일정한 임금을 보장해 주어야 한다고 했어요. 이것이 '최저 생활비'예요.

리카도는 이처럼 당시 사회에서는 과격하게 여겨지는 개혁안들을 지지하여 사람들은 그를 '과격한 부자'라고 부르며 점차 외면하고 말았어요.

하지만 그가 죽은 지 25년이 지난 후인 1848년, 곡물법은 폐지되어 리카도의 주장은 인정받을 수 있었어요. 그리고 그의 책 『정치경제학 및 과세의 원리』는 180여 년이 지난 지금도 여전히 국제 무역의 최고 이론서로 손꼽히고 있어요.

데이비드 리카도 | 1772년에 영국에서 태어난 경제학자 데이비드 리카도는 증권 거래소 중개인으로 일하며 엄청난 부를 축적하였어요. 그러다 1799년 애덤 스미스의 『국부론』을 읽은 후 마흔이 넘은 나이에 증권 거래소를 그만두고 경제학 연구에 전념하였어요. 그 결과 1817년, 대표작인 『정치경제학 및 과세의 원리』를 발표하였으며, 애덤 스미스의 이론을 계승·발전시켜 고전 경제학을 완성한 사람으로 알려져 있어요. 또한 정치에도 참여하여 1819년 하원 의원으로 활동하였어요. 이후 1823년 경제학자로서는 가장 많은 유산을 남기고 세상을 떠났어요.

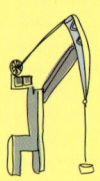

프리드리히 리스트
Friedrich List, 1789~1846
보호 무역을 주장하다

피히테의 연설을 들은 청년

독일이 나폴레옹과의 전쟁에서 패하고 프랑스의 지배를 받던 1807년 12월의 어느 일요일, 베를린 대학에서는 한창 연설이 진행 중이었어요. 연설을 하는 사람은 유명한 철학자인 피히테였어요.

"독일이 왜 패망하였는가? 우리 군대는 약하고 프랑스 군대는 강하여서인가? 아니다! 독일 국민의 이기심과 도덕적 타락 때문에 패망한 것이다."

4개월 동안 일요일마다 계속된 이 연설의 이름은 '독일 국민에게 고함'이라고 불렸어요. 많은 독일 국민은 피히테의 연설을 듣기 위해 베를린 대학을 찾아왔고, 이 연설은 독일 국민의 마음속에 민족의 독립과 통일에 대한 열망을 불러일으켰어요.

"이제 독일을 일으킬 길은 무엇인가? 이기심을 버리고 나보다 민

프리드리히 리스트

'독일 국민에게 고함', 피히테

1762년 독일의 작센 주에서 태어난 피히테는 독일의 대표적인 철학자예요. 그는 신학과 철학을 공부하여 비판 철학을 탄생시킨 칸트의 사상을 이어받았어요. 또한 나폴레옹 전쟁에서 패한 프로이센, 즉 당시의 독일 베를린이 프랑스 군대에 의해 점령되자, 1807년부터 1808년까지 '독일 국민에게 고함'이라는 강연을 했어요. 이 강연을 통해 피히테는 독일을 다시 일으키는 데 가장 중요한 것은 국민 교육이라고 주장하자, 여기에 감명받은 독일인들은 민족혼을 다시 일으키기 위하여 초등학교 아동들을 가르치기 시작하였어요. 그리고 그 결과 1871년 독일과 프랑스 사이의 전쟁에서 독일은 승리할 수 있었어요.

족을 먼저 생각하는 것이다. 젊은이들이여, 지금 당장 민족을 위해 결심하라!"

당시 이 연설을 들은 사람들 중 한 명인 프리드리히 리스트도 큰 결심을 하게 되었어요.

'돈을 버는 일도 좋지만 나도 우리 민족을 위해 무언가 큰일을 해야겠어.'

자유 무역을 비판하다

리스트는 프랑스 혁명이 일어난 1789년 독일 남부 뷔르템베르크의 로이틀링겐에서 태어났어요.

어린 시절 리스트는 특별히 공부를 잘하는 편은 아니었어요. 그래서 그저 아버지의 사업을 돕는 평범한 삶을 살고 있었어요. 그러다 사회에 도움이 되는 일을 하기 위해 공부하기 시작해서 열일곱 살에는 자신이 꿈꾸던 공무원이 되었어요. 하지만 리스트는 거기에서 멈추지 않고 정치와 경제학, 회계학 등 여러 분야의 공부를 계속해서 회계관으로 승진할 수 있었어요.

　그 시절, 독일은 인구의 대부분이 농촌에 살며 농사를 짓던 농업 국가로 산업은 이제 겨우 걸음마 단계였어요. 또 1618년부터 무려 30년 동안이나 종교 전쟁을 치러 독일은 약한 나라가 되었어요. 게다가 수많은 영주가 제각각 나라를 만들어 무려 1,500개가 넘는 크고 작은 나라로 나뉘어 있었어요.

　사정이 이러하니 독일은 독일 내에서조차 상품 거래가 쉽지 않았어요. 영주들은 저마다 자신들의 나라를 통과하는 상품에 대해 세금을 따로 매겼어요. 당연히 독일에서 만든 상품은 가격도 높을 수밖에 없었어요.

　1814년 나폴레옹이 연합국과의 전쟁에서 패하고 독일에서 물러났어요. 그러자 공업이 발달한 영국의 기업들이 금세 독일 시장에 몰려들어 독일은 영국과 자유 무역을 시작했어요. 산업이 발달한 영국의 상품이 들어오면서 독일에서 만든 상품은 잘 팔리지 않아 독일의 공장들은 하나둘 문을 닫을 위기에 처했어요.

　1817년 리스트는 스물여덟 살의 나이로 튀빙겐 대학의 국가경제학 교

1800년대 초 독일 베를린

수가 되었어요. 리스트는 이때부터 독일이 어떻게 하면 잘사는 나라가 될 수 있을 것인지에 대해 고민했어요.

'이제 우리나라는 경제적으로 통일을 해야 해! 독일 안에서 만든 물건의 세금을 모두 없애면 가격이 싸질 테니까 영국 상품과 충분히 경쟁할 수 있을 거야.'

리스트는 독일의 산업이 발전하려면 먼저 독일이 경제적으로 통일이 되어야 한다고 생각했어요. 독일 안에서 상품의 유통을 가로막는 세금들을 없애고 독일이 경제적으로 하나의 나라가 되어야만 경제가 발전할 거라고 여겼어요. 그래서 리스트는 독일에서 만든 상품에 세금을 없애자고 주장했어요.

리스트의 주장은 당시만 해도 충격적인 것이었어요. 세금을 없애면 독일의 영주들은 손해였으니까요. 하지만 리스트는 자신의 주장을 굽히지 않았어요. 그 결과 독일의 산업을 보호하기 위해서는 리스트의 주장대로 세금을 없애는 것이 낫다는 의견이 모아졌고, 1834년 관세 동맹을 맺어 독일에서 만든 물건에 붙였던 모든 세금을 없애게 되었어요.

자유 무역과 보호 무역

자유 무역이 좋은가, 보호 무역이 좋은가에 대한 논쟁은 17세기 이후부터 꾸준히 지속되어 왔어요. 먼저 자유 무역은 애덤 스미스와 데이비드 리카도 등의 이론에서 발전되었는데, 이들은 국가의 통제와 간섭 없는 경제 활동이 개인과 사회를 부유하게 한다고 주장했어요. 이 이론은 18~19세기 자유 무역의 중요한 이론이 되었지만, 한편 경제 발달이 한 단계 늦은 독일, 미국 등의 국가들은 외국의 경쟁으로부터 자국의 산업을 보호하려면 보호 무역을 해야 한다고 주장했어요. 이후 보호 무역이 사회 전체를 지배했던 적도 있지만 오늘날 자유 무역이 세계의 무역 질서로 자리 잡아 가고 있어요.

조국이 버린 남자, 프리드리히 리스트

그 뒤로도 리스트는 어떻게 하면 독일의 산업이 발달할 수 있을지에 대해 연구를 계속했어요.

'자유 무역이 모든 나라에 이익을 준다는 리카도의 주장은 틀렸어! 리카도의 주장대로라면 영국과 자유 무역을 하는 우

1883년의 프리드리히 리스트

리나라 역시 이익이 되어야 해. 하지만 지금 우리나라는 자유 무역을 하면 할수록 더욱 손해만 볼 뿐이야.'

리스트는 자유 무역이 영국에게는 유리할지 몰라도 독일에게는 불리하다고 생각했어요. 그래서 독일의 산업을 보호하기 위해서는 영국의 수입품에 세금을 물리는 '보호 무역'을 해야 한다고 주장했어요. 보호 무역이란 독일의 산업을 보호하기 위해 외국과 무역을 할 때 수입을 제한하는 거예요. 마치 어릴 때는 부모님이 곁에서 아이를 돌봐 주듯, 정부가 자기 나라의 기업을 돌보는 보호자가 되는 셈이에요.

"산업이 발달한 영국과 산업이 이제 겨우 초보 단계인 우리 독일의 자유 무역은 우리에게 손해만 입힐 뿐입니다. 독일의 경제가 발달하기 위해서는 보호 무역을 해야 합니다. 그것만이 우리가 살 길입니다."

리스트의 주장은 독일 사회에 다시 한 번 큰 충격을 주었어요. 특히 영국으로 곡물을 수출하던 지주들의 반대가 가장 컸어요. 보호 무역을 해서 영국이 앙심을 품고 독일에서 생산한 곡물을 수입하지 않게 되면 큰일이니까요.

하지만 리스트는 끊임없이 주장했어요.

"사다리를 타고 정상에 오른 사람이 그 사다리를 걷어차 버리는 것은 다른 사람들이 뒤이어 정상에 오르는 수단을 빼앗아 버리는 교활한 방법입니다. 영국이 우리에게 자유 무역을 하라는 것은 교활하기 짝이 없는 주장입니다."

하지만 결국 리스트는 자신의 뜻을 이루지 못한 채 1825년 독일에서 쫓겨나 미국으로 망명을 갈 수밖에 없었어요.

> ### 세계 무역 기구(WTO)
>
> '세계 무역 기구(WTO)'란 1995년에 세계 125개 나라가 참여해 만든 세계 경제 기구예요. 세계 무역 기구는 무역을 할 때 국제적인 규칙과 법을 만들어 고치고 적용하고 다툼을 해결하는 역할을 담당해요. 예를 들어, 어느 나라가 수입을 막으려고 지나치게 높은 관세를 매기면 관세를 낮추라고 요구하고, 다른 나라 시장을 송두리째 차지하려고 지나치게 낮은 가격을 매겨 파는 덤핑 행위를 하면 가격을 높일 것을 요구해요. 세계 무역 기구는 국가와 국가 간의 상품과 노동, 서비스 등이 자유롭게 이동하게 하여 전 세계가 하나의 시장이 되는 '세계화 시대'를 만들었어요. 하지만 힘없는 국가는 뒤처지는 결과를 낳기도 했어요.

독일에서와 달리 미국의 정치인들은 보호 무역을 주장한 리스트를 반갑게 맞아 주었어요. 그 당시는 미국 역시 독일과 비슷한 처지에 있었어요. 영국의 수입품 때문에 미국의 시장은 온통 영국 상품뿐이어서 미국은 해결책을 찾기 위해 고민하고

선진국과 개발도상국

한 나라 안에서도 부자와 가난한 사람이 있는 것처럼, 세계의 모든 나라를 놓고 보면 부유한 나라와 가난한 나라가 있어요. 그중 부유한 나라를 '선진국', 가난한 나라를 '개발도상국'이라고 불러요. 선진국은 경제 개발이 일찍부터 이루어져 산업이 발달한 나라예요. 영국, 미국, 프랑스 등이 선진국에 속해요. 반면 개발도상국은 선진국에 비해 산업 발달이 뒤처져 있어요. 제2차 세계 대전 이후에 독립한 아시아, 아프리카, 중남미의 여러 나라들이 개발도상국에 속해요.

있었어요. 그 상황에서 리스트의 주장은 가뭄의 단비와도 같았어요. 미국은 리스트의 주장을 받아들여 영국에서 수입하는 상품에 관세를 매겼어요. 그 결과, 미국의 산업은 제자리를 찾아 발전해 나갈 수 있게 되었어요.

그 후 리스트는 미국 영사의 자격으로 다시 독일로 가서 자신의 주장을 펼쳤지만 자신의 조국, 독일에서는 끝내 리스트의 주장을 받아들이지 않았어요.

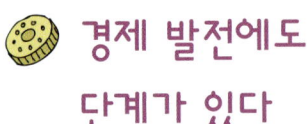
경제 발전에도 단계가 있다

그 뒤 리스트는 산업이 발달한 영국과 독일이 자유 무역을 하는 것은 손해이므로 독일의 산업을 보호하기 위해 국가가 나서서 보호 무역을 해야 한다고 주장했어요. 리스트는 자신의 주장을 담아 1841년에 『정치경제학의 국민적 체계』라는 책을 발표했어요.

리스트는 영국과 독일의 자유 무역을 반대하는 가장 큰 이유로 경제 발달 정도가 다르기 때문이라고 했어요. 경제 발달 정도가 비슷할 경우 자유 무역을 하면 두 나라 모두에게 이익을 주지만 경제 발달 정도가 다를 경우, 경제가 덜 발달한 개발도상국은 큰 손해를 보게 된다는 것이었어요.

리스트는 경제 발달 단계를 5단계로 나누었어요.

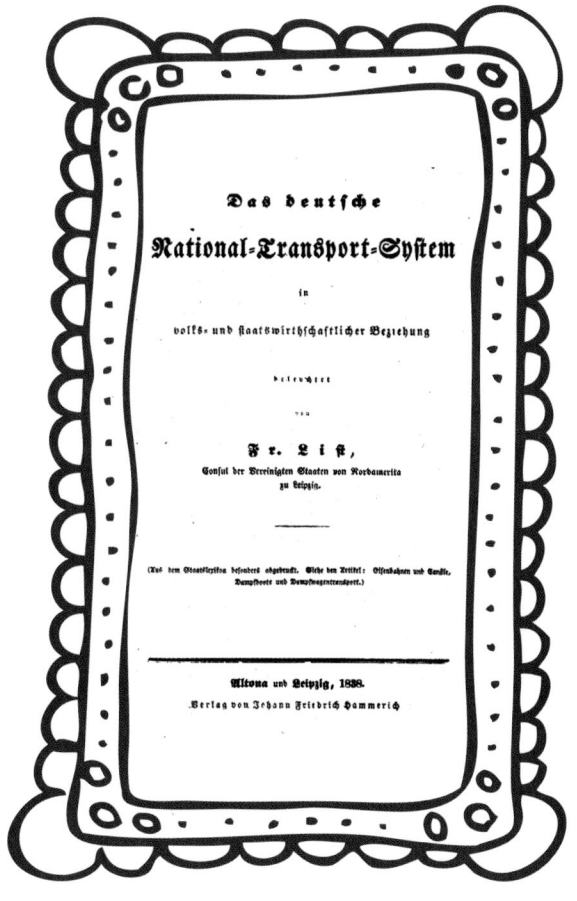

『정치경제학의 국민적 체계』

1단계, 산이나 들의 짐승을 잡는 '수렵'
2단계, 소나 양, 말, 돼지 등 가축을 기르는 '목축'
3단계, 땅을 이용해 식물을 가꾸는 '농업'
4단계, 원료를 가공해 유용한 물자를 만드는 산업인 '공업'과 농업을 함께하는 '농공업'
5단계, 농공업과 더불어 상품을 사고팔아 이익을 얻는 '농공상업'

프리드리히 리스트 **065**

재화를 바꾸는 수단, 화폐

사람들은 누구나 원하는 것이 있지만, 모든 것을 혼자서 만들어 쓸 수는 없어요. 그래서 서로 자신이 가진 재화와 용역을 바꾸는 교환을 하는데 이때 화폐를 사용해요. 우리가 흔히 '돈'이라고 부르는데 돈에는 사람들이 그 돈을 주고 살 수 있는 액수인 '교환 가치'가 적혀 있어요. 돈은 사람들 사이에서 교환을 통해 손에서 손으로, 이 나라에서 저 나라로, 한 세대에서 다른 세대로 옮겨 다녀요. 오늘날의 화폐에는 동전으로 불리는 '주화'와 종이 돈인 '지폐', 신용 카드와 같은 '전자 화폐' 등이 있어요.

리스트는 무역을 하는 두 나라 모두 다섯 번째 단계인 농공상업 단계에 이르러야 자유 무역이 모두에게 이익이 된다고 보았어요. 그래서 공업이 매우 발달한 영국에 비해 당시의 독일이나 미국처럼 공업 발달이 늦은 나라는 영국과 자유 무역을 하면 오히려 손해만 볼 수밖에 없다고 주장했어요. 게다가 잘못하다간 경제 발달이 늦은 독일은 영원히 영국에 싼 원료를 공급하고 영국의 비싼 상품을 수입하는 나라로 남을 수밖에 없다고 생각했어요.

힘이 약한 나라를 위한 보호 무역

리스트의 보호 무역 정책은 상품의 경쟁력이 떨어지는 나라에서 산업을 보호하기 위해 여전히 시행하고 있어요. 자유롭게 무역을 할 경우 자기 나

라의 물건이 다른 나라에서 수입한 물건보다 안 팔리기 때문이에요. 이렇게 경제 발전을 위해 자기 나라의 산업을 보호하는 것을 '경제 민족주의'라고 해요. '민족주의'란 민족의 독립과 통일을 가장 우선시하는 사상을 말해요.

리스트는 보호 무역을 주장하며 다음과 같이 말했어요.

"내가 만약 영국인이었다면 애덤 스미스의 이론을 의심하는 일은 없었을 것이다. 하지만 내 조국 독일의 현실은 내게 애덤 스미스를 비판할 수 있는 용기를 주었다."

리스트는 경제 민족주의를 최초로 주장한 경제학자였던 셈이에요.

미국뿐만 아니라 힘이 약한 유럽 여러 나라에서는 영국으로부터 산업을 보호하기 위해 보호 무역을 해야 한다는 리스트의 주장을 받아들였어요. 그래서 수출은 늘리고 수입은 제한하면서 산업을 발전

착한 소비, 공정 무역

'공정 무역'이란 국가와 국가가 동등한 위치에서 하는 무역을 말해요. 1990년대부터 시작된 공정 무역은 선진국과 개발도상국 간에 무역 활동을 할 때, 선진국이 무조건 싸게 수입하려고 하지 않고 정당한 가격을 주고 물건을 사는 경우를 말해요. 개발도상국에서는 어린아이들도 일을 해서 가족의 생계를 돕는데, 카펫이나 축구공을 만드는 공장에서 어린아이들이 싼 임금을 받고 일하는 모습을 흔히 볼 수 있어요. 공정 무역은 바로 이런 일을 막고 가난한 사람들을 줄이기 위한 거예요. 예를 들어 설탕을 수입할 때, 설탕의 재료가 되는 사탕수수를 만드는 농민과 사탕수수를 설탕으로 가공하는 노동자에게 정당한 가격을 주고 사서 더 좋은 설탕을 생산할 수 있도록 하는 거예요. 공정 무역의 대표적인 상품으로는 커피와 설탕 등이 있어요.

프리드리히 리스트의 묘비

시키기 위해 많은 노력을 했어요.

1846년, 끝내 자신의 조국에서 인정을 받지 못한 리스트는 결국 알프스 산맥의 티롤이란 시골 마을에서 쓸쓸히 세상을 떠났어요. 그의 묘비에는 '아무런 사심 없이 애국심 하나로 앞을 내다본 천재'라고 쓰여 있어요. 나중에야 독일은 리스트의 주장을 받아들여 보호 무역으로 경제를 발전시켰어요. 그리고 독일에 그를 기념하는 기념비가 독일 곳곳에 세워졌으며, 그의 이름을 딴 거리와 학교도 생겨났어요. 1925년에는 리스트 재단까지 설립되어 리스트가 수립한 경제학 이론을 더욱 발전시키기 위해 활동하고 있어요.

프리드리히 리스트 | 1789년에 태어난 독일의 경제학자 프리드리히 리스트는 독학으로 관리 채용 시험에 합격하여 관리로 일하다 1817년 튀빙겐 대학의 교수가 되었어요. 이후 그는 자유주의 사상을 주장하며 독일 내의 관세 폐지 운동을 벌이는 등 독일의 경제적 통일을 위해 노력하다 1825년 국외 추방 처벌을 받아 미국으로 망명하였어요. 미국에서 미국의 경제 발전에 대해 연구하고 1841년 대표작인 『정치경제학의 국민적 체계』를 발표하며 보호 무역을 주장하였어요. 이후 미국의 영사 자격으로 독일로 돌아가 국가 경제 발전을 위해 노력하였으나 그의 주장은 받아들여지지 않았어요.

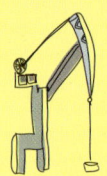

칼 마르크스
Karl Marx, 1818~1883

자본주의여, 물러나라!

빈민가에서 연구를 거듭한 학자

영국 런던의 빈민가에서 생활하는 한 가족이 있었어요. 그들은 신문 살 돈도, 제대로 된 식사를 할 돈도 없었어요. 게다가 병에 걸려도 돈이 없어 의사를 부를 수조차 없었어요. 그들은 근근이 굶어 죽지 않을 정도로 입에 풀칠하며 생활을 이어 가고 있었어요.

그러다 전염병이 돌자, 이 가족의 여섯 아이 중 세 아이가 병으로 세상을 떠나고 말았어요.

"미안하구려. 나 때문에 우리 모두가 이렇게 고생하다니……."

"그런 소리 마세요. 당신에게는 해야 할 일이 있잖아요."

서로를 위로하는 이들은 바로 칼 마르크스와 그의 부인 옌니였어요. 마르크스는 사회와 정부에 반대하는 주장을 펼쳐 이 나라에서 저 나라로 쫓겨 다니며 생활하고 있었어요. 그러다 보니 자연히 생활은 점점 더 어려워져 갔어요.

칼 마르크스

마르크스와 엥겔스, 마르크스의 부인과 딸

1852년, 마르크스를 감시하던 한 경찰의 정보원이 그의 런던 생활에 대해 남긴 글을 보면 그가 얼마나 힘든 생활을 했는지 여실히 알 수 있어요.

'마르크스가 사는 곳은 런던에서도 제일 지독한 빈민가이다. 방안을 둘러봐도 번듯한 가구는 하나도 없고, 모두 삐걱거리거나 낡은 것들뿐이다. 게다가 곳곳에 먼지가 가득 쌓여 있고 가재도구도 아무 데나 굴러다닌다.'

하지만 마르크스는 자신의 연구를 게을리하지 않았어요. 그는 매일 대영 박물관 도서관을 드나들며 수천 권의 책을 읽었어요. 이런 연구 끝에 1867년, 자본주의 사회를 뒤흔든 『자본론』이라는 책을 발표했어요.

자본주의 사회에 대한 연구, 『자본론』

마르크스는 1818년 독일의 남서부에 있는 트리어라는 작은 도시에서 태어났어요. 마르크스의 아버지는 포도 농장을 가진 변호사로 마르크스도 자신의 뒤를 이어 법률가가 되길 바랐지만 마르크스는 아버지의 뜻에 따라 살지 않았어요.

마르크스는 독서를 좋아해서 어려서부터 루소나 볼테르 같은 철학자들의 책을 읽기 좋아했어요. 그래서인지 마르크스는 세상을 바라보는 눈이 날카롭고 예리했을 뿐만 아니라 글 솜씨도 무척 뛰어났어요.

청년이 되어서 본 대학과 베를린 대학에서 공부를 마친 마르크스는 신문사에서 일했어요. 그는 그곳에서 특유의 예리한 관찰력을 바탕으로 정부의 정책을 날카롭게 비판하는 기사를 많이 썼어요. 화가 난 정부는 더 이상 마르크스가 일하는 신문사에서 신문을 발행하지 못하게 막아 버렸어요.

실망한 마르크스는 1843년 프랑스로 떠나 평생 친구인 프리드리히 엥겔스를 그곳에서 처음 만났어요. 독일의 사회주의자인 엥겔스는 마르크스와 함께 철학과 경제학 등을 연구하고 책도 쓰며 친구로 지냈어요. 하지만 유럽 여러 나라의 정치인

루소와 볼테르

루소는 1712년에 태어난 프랑스의 계몽주의 사상가예요. 그의 대표작으로는 교육서인 『에밀』, 사상서인 『사회 계약론』 등이 있어요. 한편 동시대를 살았던 또 다른 프랑스의 계몽주의 사상가로 1694년에 태어난 볼테르도 있어요. 그는 경험론자로서 대표작으로는 철학 소설인 『캉디드』 등이 있어요. 루소와 볼테르는 프랑스의 절대 왕정 시대에 활동하였으며, 계몽주의 사상가로서 프랑스 대혁명이 일어나는 데 사상적인 기여를 한 인물들이에요. 이들은 인간의 권리를 강조하여 민주주의 발전에 큰 영향을 미쳤어요.

효율성의 자본주의, 형평성의 사회주의

'자본주의'는 생산 요소를 개인이 가질 수 있는 경제 체제를 말해요. 또한 이윤을 얻기 위해 효율적으로 생산 활동을 하고 생산과 소비가 시장에서 경쟁을 통해 자유롭게 이루어져요. 자본주의의 바탕은 애덤 스미스의 사상에 있어요. 자본주의는 부유한 사회를 가져다주었지만 노동자를 함부로 다루고 가난한 사람은 계속 가난해지게 만들었어요. 그래서 나타난 사상이 '사회주의'로, 사회주의는 생산 요소를 모든 사람이 함께 가지거나 국가가 가지는 경제 체제예요. 또한 능력에 따라서 일하고 필요한 것만 소비하는 생산 방식으로 계급도 없고 부자와 가난한 사람도 없는 평등한 사회를 말하지만 현실에서는 이루어지지 못하고 좌절되고 말았어요.

들은 비판적인 글을 쓰는 마르크스를 눈엣가시로 여겼어요. 그래서 마르크스의 파리 생활도 오래가지 못했어요. 결국 마르크스는 반역죄를 뒤집어쓴 채 파리에서 쫓겨나 브뤼셀, 쾰른 등을 떠돌다 1849년 영국 런던에 머물게 되었어요.

그때 당시, 영국은 산업 혁명으로 나날이 발전해 가고 있었어요. 덕분에 자본가들은 점점 부자가 되어 갔지만, 노동자들의 생활은 이전보다 나아진 것이 없었어요. 비참한 하루하루를 보내는 노동자들은 20세도 못 되어 죽는 경우가 허다했어요. 게다가 빈민가에는 굶주림을 견디다 못해 쓰레기통을 뒤지는 사람도 부지기수였어요.

1863년, 영국 런던의 한 성냥 공장의 모습을 묘사한 글은 매우 충격적이에요.

'노동자들은 인체에 매우 해로운 인 성분이 가득한 작업장에서 일하고 있었다. 그중 270명은 열여덟 살도 안 된 청소년들이었고, 열 살이 채 안 된 어린이들도 50명이나 있었다. 심지어 여섯 살짜리 아이도 다섯 명이나 됐다. 이런 어린아이들도 하루에 열두 시간에서 열네 시간, 열다섯 시간씩 밤낮을 가리지 않고 힘든 노동을 해야 했다. 식사라곤 묽은 무죽과 딱딱한 흑빵을 허겁지겁 씹어 먹는 것이 전부였다. 지옥의 모습도 이보다 비참할 수는 없으리라…….'

마르크스 또한 가족들과 런던에서 생활하며 더없이 괴로운 시간을 보내야 했어요. 그러다 보니 자연스럽게 자본주의 경

공장에서 일하는 아동 노동자

제 제도에 의문을 품었어요.

'경제는 발전하는데 왜 열심히 일하는 노동자는 점점 가난해지고, 자본가들만 계속해서 부자가 되는가?'

힘든 생활 속에서도 마르크스는 경제학에 대한 연구를 멈추지 않았고, 한 가지 결론에 도달했어요.

'개인이 재산을 가지는 대신 국가가 재산을 가지고 모두에게 평등하게 나누어 주면 어떨까?'

그 고민의 결과로, 마르크스는 1867년 독일 함부르크에서 자신의 대표작인 『자본론』을 출판했어요. 『자본론』은 무려 1,800여 쪽에 달하는 책으로 당시 가장 앞서 가던 영국의 자본주의를 분석해서 산업 혁명과 자본주의가 어떻게 노동자들의 삶을 파괴하고 있는지 밝혀낸 책이에요.

그 뒤 1883년 세상을 떠날 때까지 마르크스는 자신의 생각을 '과학적 사회주의'라고 칭하며 많은 책을 남겼어요. 과학적 사회주의는 오늘날 '마르크스주의'라고 불리고 있어요. 마르크스주의는 노동자 계급이 앞장서 사회의 혁명을 이루어 새로운 사회를 만든다는 내용의 이론이에요.

🍪 인간의 노동에서 가치가 나온다, 노동 가치론

마르크스는 자본주의 경제를 두 부류의 주인공들이 만들어 간다고 보았는데 '자본가'와 '노동자'가 바로 그들이에요. 자본가는 공장이나 기계 등 생산을 위한 수단을 가진 사람들을 말하고, 반면, 노동자는 생산 수단을 가지지 못했기 때문에 자신

산업 혁명 이후 아동 노동자의 모습을 보여 주는 쿠르베의 작품 〈돌 깨는 사람들〉

부르주아와 프롤레타리아

마르크스가 나눈 자본가 계급과 노동자 계급을 일컫는 다른 말이 '부르주아'와 '프롤레타리아'예요. 원래 부르주아는 중세의 도시에 살던 프랑스 시민을 가리키는 말이었어요. 그러다 산업 혁명으로 사회가 변화하자 도시 시민은 자본가 계급으로 성장하게 되어 이들을 부르주아라 부르게 된 거예요. 반면 프롤레타리아는 고대 로마의 가장 낮은 계급을 일컫는 말이었어요. 그런데 마르크스가 이 말을 부르주아에 반대되는 노동자 계급을 지칭하기 시작하면서부터 새로운 의미로 사용하게 되었어요. 마르크스는 부르주아와 프롤레타리아 계급을 바탕으로 자신의 이론을 펼쳤어요.

의 노동력을 자본가에게 팔아서 그 대가로 임금을 받아 생활하는 사람들을 말해요. 다시 말해, 노동자는 자본가에게 노동을 팔아 임금을 받는 사람들이라고 할 수 있어요.

마르크스는 노동자들이 가난해질 수밖에 없는 이유를 자본가와 노동자 사이에서 생겨나는 불평등한 관계에서 찾았어요.

"땅은 자연의 일부로서 옛날부터 있었습니다. 금과 은, 돈은 지난날 누군가의 노동을 통해 쌓인 것으로 '죽은 노동'이라 할 수 있습니다. 그렇다면 자본 또한 죽은 노동이라 할 수 있습니다. 오로지 인간의 노동만이 새로운 가치를 만들 수 있습니다.

그렇지만 자본주의 사회에서 노동자는 자본가보다 불리한 위치에 있습니다. 노동자가 노동력을 제공한 대가로 받는 임금은 노동을 통해 새로 만들어 낸 가치의 전부를 받는 것이 아니라 자신과 가족의 생계비만큼, 그것도 풍족하지 않고 먹고 살 정도로만 받습니다.

결국 노동자의 임금은 그들의 노동으로 창조되는 가치보다 훨씬 적고, 그 나머지 액수는 자본가의 호주머니로 들어가게 됩니다."

마르크스의 이러한 주장을 '노동 가치론'이라고 해요. '노동 가치론'이란 모든 '가치'는 자본이 아니라 인간의 노동으로부터 나온다는 말로 다음과 같이 예를 들어 볼 수 있어요.

하루에 10시간 일하는 노동자가 있어요. 이 노동자의 임금은 1시간에 1,000원이에요. 그래서 하루에 10,000원을 받으며 일을 해요. 하지만 이 노동자는 5시간만 일하면 자신의 임금 10,000원에 해당하는 가치를 만들어 내요. 그러니까, 노동자가 임금으로 받는 것은 5시간 동안 만들어 낸 가치에 해당하는 부분이에요. 그리고 나머지 5시간 동안 만들어 낸 가치는 자본가의 몫으로 돌아가요.

마르크스는 노동자가 만든 가치 중 임금을 뺀 나머지 액수

인간 소외를 다룬 영화 〈모던 타임스〉

1936년에 찰리 채플린이 만든 영화 〈모던 타임스〉는 인간 소외 현상을 생생히 보여 주고 있어요. 〈모던 타임스〉에서 찰리 채플린은 극도로 분업화된 구조를 가진 공장의 노동자로 나와요. 채플린은 나사를 조이는 일을 하는데, 온종일 나사만 조이다 보니 눈에 보이는 것들을 모두 조여야 한다는 생각에 사로잡혀요. 그래서 결국 정신 병원 신세까지 지게 되고, 퇴원한 뒤에는 공장에서 쫓겨나 떠돌이가 되고 말아요. 이 영화는 노동자가 기계화된 생산 과정 속에서 인간 역시 기계적인 단순한 동작을 반복하는 기계 부품에 불과하다는 것을 나타내고 있어요.

를 '잉여 가치'라고 불렀어요. 잉여란 남은 것이라는 뜻이니, 잉여 가치는 나머지 가치를 말하는 것이 돼요. 자본가에게 잉여 가치는 이윤이 되는 것으로, 자본가는 더 많은 이윤을 위해 노동자에게 더 적은 임금을 주려 하고, 노동 시간을 최대한 늘리려고 해요. 그러면 생산 수단을 가지지 못한 노동자는 먹고살기 위해 어쩔 수 없이 자본가가 제시한 불공평한 조건을 받아들일 수밖에 없어요. 결국 자본주의 사회에서 노동자는 자본가의 착취를 받아 가난할 수밖에 없다고 생각했어요.

 인간 소외

또한 마르크스는 애덤 스미스가 주장했던 '분업'을 다른 시선으로 보았어요. 가내 수공업이나 규모가 작은 공장에서 일하던 예전의 노동자들은 자신이 기계를 다루어 물건을 만들어 낸다는 자부심이 있었어요. 하지만 산업 혁명으로 기계가 중심이 되어 분업을 하게 되자 상황은 달라졌어요.

마르크스의 『자본론』에는 다음과 같이 설명되어 있어요.

"9세에서 10세 정도 되는 어린이들이 더러운 침대에서 새벽부터 끌려나와 밤까지 노동을 하고 있는데, 그동안 그들의 팔다리는 시들어 버리고 몸은 왜소해지며 표정은 얼빠진 듯하고 그들의 인간성은 돌과 같이 감각이 없는 상태로 굳어져 버려 눈으로 보기에도 끔찍할 지경이다."

독일 베를린에 있는 마르크스와 엥겔스의 동상

자본가들에게 분업이야말로 더 많은 물건을 만들어 이윤을 많이 남길 수 있는 수단이 되지만, 임금을 받기 위해 자신이 맡은 단순한 동작을 하루에도 수천 번씩 반복해야 하는 노동자들에게는 무척 괴로운 일이에요. 그래서 마르크스는 분업이 노동자를 기계의 부품처럼 만들어 버린다고 해석했어요. 자신의 노동이 어떤 의미를 갖는지 알지 못하는 까닭에 사람으로 대접받기보다 기계 부품처럼 다뤄지는 거예요.

마르크스는 노동자가 인간이 아니라 기계의 일부분으로 여겨지는 것을 '소외' 또는 '인간 소외'라고 불렀어요. 그리고 인간 소외를 벗어나 자기 자신을 찾기 위해서는 노동자가 기계가 아닌 인간 대접을 받는 평등한 사회가 되어야 한다고 보았어요.

얀 브뤼헐 2세가 그린 〈튤립 광풍 풍자화〉

자본주의 경제는 반드시 무너진다

뿐만 아니라 마르크스는 자본주의 경제는 자본가의 끊임없는 욕심 때문에 반드시 무너진다고 주장했어요.

자본가는 더 많은 돈을 벌기 위해 커다란 공장을 짓고 사람들을 부렸지만 산업 혁명으로 기계가 점차 발달하면서 사람 대신 기계를 들이게 돼요. 자본가가 기계를 자꾸 늘릴수록 노동자들이 할 일이 없어져 실업자가 늘어나고, 임금은 점점 더 낮아져요. 그런데 문제는, 기계에서 새 상품들은 쏟아져 나오는데 정작 상품을 살 수 있는 사람들이 점차 줄어드는 거예요. 결국 기업은 상품을 팔지 못해 망하게 되고, 마침내 자본주의는 위기를 맞게 돼요. 이것이 바로 『인구론』을 쓴 맬서스도 주장한 '공황'이에요.

공황은 경제가 너무 나빠져서 회복하기 굉장히 힘든 때를 말해요. 마르크스는 공황이라는 위기의 순간이 닥치면 노동자

네덜란드 튤립 공황

16세기 중엽, 터키에서 유럽으로 전해진 튤립은 많은 유럽 사람의 사랑을 받았어요. 뿐만 아니라 집에 튤립이 있어야 교양 있는 사람이라고 여겨질 정도가 되자 너도나도 튤립 뿌리를 구하려고 했어요. 그러다 보니 튤립을 팔려는 사람보다 사려는 사람이 많아져 튤립 가격은 하늘 높은 줄 모르고 올라 튤립은 돈 버는 수단이 되었어요. 특히 네덜란드에서는 농민, 기술자부터 법률가와 성직자까지도 튤립을 사고 파는 데 뛰어들었어요. 그 결과, 1637년에는 튤립 한 뿌리 가격이 집 한 채 값과 맞먹어 '미친 가격'이라고 불렀어요. 그러나 튤립 가격이 금세 뚝 떨어지자 네덜란드 경제는 심한 공황 상태에 빠졌어요. 이를 두고 튤립 때문에 생긴 공황이라고 '네덜란드 튤립 공황'이라고 불러요.

1983년에 독일에서 만든 마르크스 기념우표

들은 더 이상 참지 못하고 자본주의를 새로운 평등한 경제 체제로 바꾸려 할 거라고 주장했어요.

하지만 오늘날 자본주의 경제 체제는 공황을 해결하고 예방하는 나름의 방법을 찾아내었고 반대로 마르크스의 이론을 받아들인 사회주의 나라들은 자본주의 경제 체제를 도입하여 서로 영향을 주고받고 있어요. 이처럼 마르크스가 말한 자본주의의 몰락에 대한 주장은 사실이 되지 못하고 주장으로만 남아 있어요.

그리고 마르크스에 대한 평가는 매우 크게 엇갈려 있어요. 마르크스야말로 노동자들에게 자본주의 잉여 가치의 비밀을 푸는 열쇠를 가져다준 선각자라고 칭송하는 사람들이 있어요. 반면 마르크스는 틀린 이론을 전파한 실패한 혁명가라고 비판하는 사람들도 있어요.

그렇지만 분명한 사실은 지금도 그의 이론은 잊히지 않고 쓸모가 있다는 거예요. 자본주의 국가 중 몇 나라에서는 마르크스의 이론을 받아들여 이윤을 보다 공평하게 나누도록 노력하고 있어요. 사회주의 국가인 중국, 러시아 등이 자본주의 경제를 배우는 것처럼 말이에요.

칼 마르크스 | 1818년 독일에서 태어난 경제학자이자 정치학자인 칼 마르크스는 본 대학과 베를린 대학에서 법률과 역사, 철학 등을 공부하였어요. 그리고 1842년 〈라인신문〉에서 일하다 신문이 폐간되자 파리로 이주하여 엥겔스를 만났지만 파리에서 추방되어 벨기에의 수도 브뤼셀로 가서 활동했어요. 엥겔스는 마르크스의 사상에 많은 영향을 주었으며, 그는 브뤼셀에서 『독일 이데올로기』, 『공산당 선언』 등을 발표하며 노동 운동의 방향을 정립하였어요. 1848년 파리에서 시작된 혁명이 유럽 각국에 퍼지자 마르크스도 참여했지만 실패하여 런던에서 빈곤한 생활을 했어요. 그럼에도 끊임없이 학문 연구에 몰두하여 1859년에는 『경제학 비판』, 1867년에는 『자본론』을 펴냈어요. 이후 1883년 런던에서 세상을 떠났어요.

앙리 제르맹
Henri Germain, 1824~1905

이자 주는 은행을 아시나요?

🍪 리옹에 은행을 세운 남자

1850~1860년대 프랑스 남동부에 있는 리옹이라는 지역은 당시 프랑스 산업의 중심지였어요. 하지만 이때 리옹은 엄청난 변화를 겪고 있었어요.

그동안 리옹의 중심 산업이었던 견직물 산업은 쇠퇴하고 화학 공업, 염료 공업 등 다른 산업들이 눈부시게 발전하고 있었어요. 견직물 산업은 농촌에서 누에를 길러 누에가 만든 실인 명주실을 이용해서 베를 짜는 산업이에요. 반면 화학 공업 등의 산업은 농촌에 의존하지 않는 공장 중심의 산업이었어요.

이렇게 공장 중심의 산업이 발달하기 시작하자 점차 회사들은 큰돈이 필요해졌어요.

"회사를 좀 더 발전시키려면 돈이 필요한데 어디 빌릴 데가 없어."

"자네도 그런가? 우리도 마찬가지일세. 돈 빌리려고 이리 뛰고 저리 뛰

견직물 산업의 위기에 부딪힌 리옹

돈을 돌리는 금융 기관

피가 사람의 몸속을 돌아다니며 필요한 영양소를 공급해 주는 것처럼 돈은 경제 활동이 일어나는 모든 곳을 돌아다니며 경제가 원활하게 돌아가도록 도와줘요. 그래서 돈을 '경제의 혈액'이라고 해요. 이런 돈을 빌려 주고 빌려서 돈의 흐름을 도와주는 일을 '금융'이라고 부르고, 돈거래가 쉽게 이루어지도록 해 주는 곳은 '금융 기관'이라고 불러요. 금융 기관의 종류는 크게 '제1금융권'과 '제2금융권'으로 나눌 수 있어요. '제1금융권'은 우리가 흔히 '은행'이라고 부르는 곳이고, '제2금융권'은 주식을 사고파는 증권사, 위험을 보장하는 보험사, 고객이 맡긴 돈을 주식이나 채권에 투자하는 투자 신탁 회사 등을 말해요.

고……."

이때 리옹의 변화를 지켜보던 한 사람이 있었는데 그가 바로 앙리 제르맹이란 사람이었어요. 제르맹은 이때 회사에 필요한 돈을 빌려 줄 은행이 필요하다는 걸 알았어요. 그래서 자신과 같은 뜻을 가진 사람들과 함께 1863년, 리옹에 새로운 은행을 세웠어요.

"은행의 이름을 무엇으로 하면 좋을까?"

"은행이라는 말은 너무 딱딱하지 않아? 다른 말을 넣어 보자."

"신용이라는 말은 어때? 리옹의 산업을 책임질 테니 '리옹의 신용'이라고 하자."

그렇게 결정된 은행의 이름은 '리옹의 신용'이라는 뜻의 '크레디 리요네'였어요.

크레디 리요네가 생기자 리옹의 회사들은 더 이상 돈을 빌리러 다니느라 시간을 낭비하지 않고 물건을 만드는 일에 전념할 수 있었어요. 그 결과, 자금 조달이 수월해진 리옹의 회사들과 산업은 점점 더 크게 성장해 갔어요. 그리고 덩달아 크레디 리요네도 커져 갔어요.

변화에 발 빨랐던 앙리 제르맹

제르맹은 1824년에 프랑스 제2의 도시인 리옹에서 태어났어요. 제르맹의 집안은 견직물 사업에 성공한 부유한 집안으로 부모님은 제르맹에게 엄격했어요. 제르맹은 리옹의 왕립

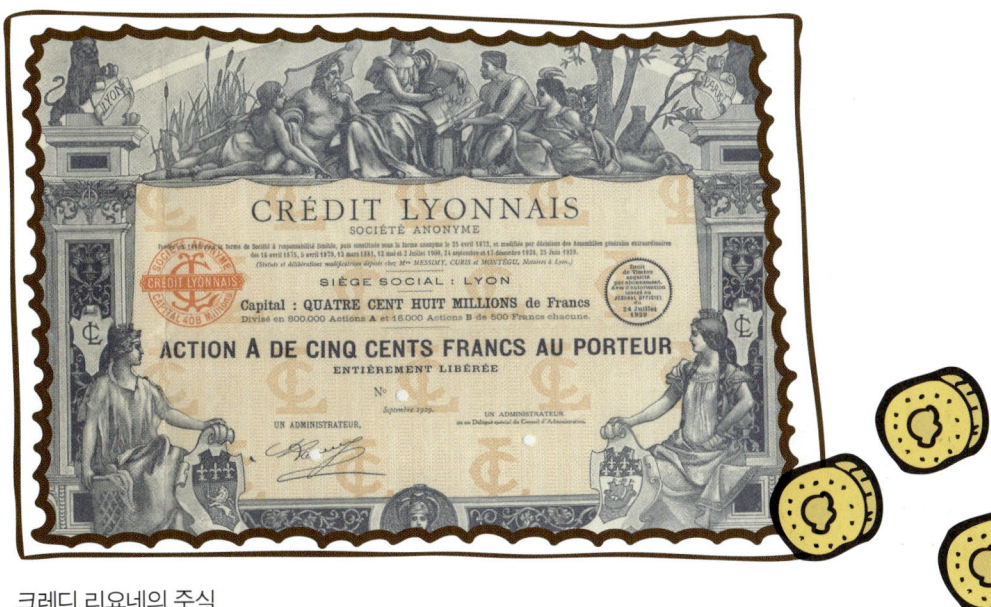

크레디 리요네의 주식

신용과 신용 카드

'신용'이란 믿어서 의심하지 않는다는 의미이지만 경제학에서 신용은 돈을 빌려 간 사람이 약속한 날짜에 돈을 갚을 것이라고 믿을 수 있는 정도를 말해요. 한마디로 약속을 잘 지키는 것으로, 우리 사회에서 신용은 매우 중요해요. 그래서 "신용을 잃으면 모든 것을 잃는다"라는 말도 있어요. 이렇게 중요한 신용을 바탕으로 개인이나 기업이 상품값을 일정 기간 후에 내도록 기다려 주는 카드를 '신용 카드'라고 불러요. 신용 카드는 잘 사용하면 매우 편리하지만, 잘 사용하지 못하면 과소비를 하게 되고 제때 비용을 지불하지 못하면 신용 불량자가 되기도 해요.

고등중학교에서 공부했지만 그에게 왕립 고등중학교의 수업은 지루하기 그지없었어요. 하지만 경제 수업만큼은 마음에 들어 좋아했어요.

파리의 파리 대학에서 법률을 공부하고 돌아온 제르맹은 스물여섯 살에 부유한 견직물 사업가의 딸과 약혼했어요. 그런데 결혼식을 얼마 남기지 않은 1850년 1월, 약혼자의 아버지가 갑자기 세상을 떠나는 바람에 제르맹은 얼떨결에 유산을 물려받았어요. 이때 제르맹은 증권 거래소의 공인 중개 활동을 시작하면서 물려받은 유산을 다양한 사업에 투자하였어요.

당시 프랑스에는 새로운 철학이 유행하고 있었어요. 예전에는 귀족들이 프랑스 사회를 다스렸지만 이제는 과학자, 기술자, 은행가, 자본가, 노동자 같은 산업인들이 사회를 이끌어야 한다는 생각이 싹텄어요. 제르맹 역시 비슷한 생각이어서 새로운 산업 사회를 건설하려면 은행의 역할이 중요하다고 믿었어요.

1860년대의 프랑스 리옹

당시의 일반적인 은행은 1년 안팎의 짧은 시간 동안만 사람들이 돈을 맡기거나 돈을 빌려 가는 식이었어요. 그렇지만 '산업 은행'은 일반 은행과 달리 기업에 장기적으로 자금을 빌려주는 것을 주 목적으로 하는 은행이에요. 많은 회사에서 다양한 경험을 하며 기업 경영을 배운 제르맹은 리옹의 급격히 변화하는 경제 상황에서 산업 은행이 필요하다는 사실을 깨달았어요.

1878년 문을 연 러시아 상트페테르부르크의 크레디 리요네 지점

이런 사회적 분위기 속에서 제르맹은 1863년 7월, 리옹에 산업 은행인 '크레디 리요네'를 세웠고 자신이 최대 주주로서 은행장이 되어 은행 경영에 뛰어든 거예요.

 최초로 은행 지점을 만들다

크레디 리요네는 철도와 석탄 회사 등에 많은 돈을 대출해 주어 리옹의 산업이 발전하는 데 큰 몫을 했어요. '대출'이란 은행 등의 금융 기관에서 돈을 빌려 주거나 빌리는 것을 말해요.

하지만 제르맹은 여기에 만족하지 않았어요.

"프랑스에는 전국을 연결할 은행이 필요해. 프랑스 전국에 지점을 세워야겠어."

제르맹의 생각은 당시로써는 아주 획기적인 것이었어요. 지금은 은행들이 필요한 곳곳에 지점을 내고 들어와 있지만 140여 년 전에는 상상도 할 수 없는 일이었어요. 당시 은행들은 대부분 규모가 작았고, 자기 지방의 경제를 맡기에도 버거웠어요.

그러나 제르맹의 꿈은 컸어요. 그는 1865년에 파리와 마르세유에 지점을 열었어요. 이 지점들은 크레디 리요네가 대출해 준 철도 회사와 석탄 회사와도 관련이 있었어요. 당시 철도를 파리와 마르세유까지 이을 계획이었기 때문이었어요. 산업 발달과 함께 크레디 리요네가 성장하는 데 지점이 생기면 더

노벨 평화상을 받은 그라민 은행

보통 은행은 직업이나 재산 등을 따져 보고 돈을 갚을 능력이 있다고 판단되면 대출해 줘요. 하지만 방글라데시에는 가난한 사람들에게만 대출해 주는 은행이 있어요. 무하마드 유누스라는 사람이 세운 '그라민 은행'이에요. '그라민'이란 시골, 마을을 뜻해요. 처음 무하마드 유누스는 필요한 돈을 빌리지 못해 어려움을 겪는 가난한 사람들에게 자신의 돈을 빌려 주었어요. 그런데 이들이 빌린 돈을 꼬박꼬박 갚자 가난한 사람들에게만 대출해 주는 은행을 만들게 되었어요. 그라민 은행에서 대출받은 많은 사람이 이 돈으로 일을 시작해 가난에서 벗어날 수 있었어요. 그 공로로 그라민 은행과 무하마드 유누스는 2006년에 노벨 평화상을 받았어요.

이자율이 다른 다양한 예금

은행에 돈을 맡기는 예금에는 다양한 종류가 있고, 각각 이자율이 달라요. 예금에는 '보통 예금', '정기 적금', '정기 예금' 등이 있어요. '보통 예금'은 은행에 돈을 맡겨 놓고 언제든 찾을 수 있는 예금이에요. 그래서 예금자는 매우 편리하지만 은행은 예금자가 언제 돈을 찾아갈지 몰라 다른 사람에게 대출해 주기 어려워서 이자율이 낮아요. '정기 적금'은 액수를 정해 매달 돈을 차곡차곡 저축하는 것으로 예금자가 돈을 오랫동안 찾아가지 않아서 이자율이 높아요. 또 '정기 예금'은 당장 쓸 일이 없는 큰돈을 일정 기간 은행에 맡기는 거예요. 그래서 예금 중 이자율이 제일 높아요.

큰 힘이 되어 줄 것이 분명했어요.

과연 제르맹의 생각대로 크레디 리요네의 지점은 꾸준히 늘어 갔어요. 하지만 여전히 문제는 있었어요.

세계적인 은행으로 성장한 크레디 리요네

크레디 리요네가 겪은 어려움은 다름 아닌 돈을 끌어모으는 일이었어요. 많은 사람이 은행에 돈을 맡겨야 돈이 필요한 사람에게 다시 돈을 빌려 줄 텐데 돈을 맡기는 사람들이 없었어요. 당시 은행은 여러 곳에 생겼지만 사람들은 은행에 대해서 잘 몰랐어요. 심지어 은행에 돈을 맡기면 다시 돌려받지 못할지도 모른다는 생각을 하며 은행을 믿지 않는 사람도 있었어요.

제르맹은 발 벗고 나서서 사람들을 설득했지만 당시 사람들은 돈을 은행에 맡기는 데 관심이 없었어요. 그래서 제르맹은

프랑스 인상주의 화가 카유보트의 작품 〈이탈리아대로〉 속 크레디 리요네 은행

새로운 방법을 고안해 냈어요.

"은행은 여러분의 돈을 안전하게 지켜 주는 곳입니다. 돈을 맡기시면 맡기신 돈의 3퍼센트를 더 드리겠습니다."

은행에 돈을 맡기는 사람에게 이자를 주기로 한 거예요. 이자를 준다는 이야기는 사람들 사이에 널리 퍼졌어요. 당시에는 예금을 해도 이자를 주는 일이 없었기 때문이었어요. 은행은 그저 돈을 보관하는 곳일 뿐이었어요.

"정말 내가 맡긴 돈보다 더 주더라니까. 난 다른 돈도 모두 크레디 리요네에 맡길 거야."

"하긴, 집에 돈을 놔둬 봐야 뭐하겠나. 은행에 맡겨서 한 푼이라도 늘어나는 게 낫지."

제르맹은 새로운 지점을 세울 때마다 이자를 주겠다는 홍보를 계속해 나갔어요. 그 결과, 사람들은 너도나도 크레디 리요네에 돈을 들고 왔어요. 이렇게 사람들이 맡긴 돈을 다시 기업이나 돈이 필요한 사람에게 대출을 했어요. 은행에 저금을 했을 때 매달 생기는 이자는 바로 대출한 기업이나 사람이 갚는 이자예요.

프랑스 파리에 있는 크레디 리요네 본사

크레디 리요네의 지점은 1870년에 3개에 불과했지만 이후 1875년에 12개, 1880년에 52개, 1890년에 96개로 늘어났을 만큼 프랑스 전국에 지점망을 고루 갖춘 세계적인 은행으로 발전했어요. 그리고 1912년에는 290개의 지점을 가진 세계 최대의 은행이 되었어요. 또한 세계의 많은 은행이 크레디 리요네의 경영 방법을 배워 앞다투어 전국에 지점을 세워 나갔어요. 그래서 프랑스는 세계 최초로 방방곡곡에 은행 지점이 분포된 나라로 금융 선진국이 될 수 있었어요.

1905년, 제르맹은 세상을 떠났지만 오늘날 크레디 리요네 은행은 프랑스에서 가장 오래된 은행이자 프랑스를 대표하는 세계적인 은행으로 우뚝 서 있어요.

앙리 제르맹 | 1824년 프랑스에서 태어난 기업가 앙리 제르맹은 파리 대학에서 법률을 공부하였어요. 그리고 아내가 물려받은 유산을 바탕으로 증권 거래소의 공인 중개인, 탄광의 이사, 견직물 창고 등의 사업을 하여 1863년 리옹에 '크레디 리요네'라는 은행을 만들었어요. 크레디 리요네 은행은 프랑스 전국에 지점을 갖춘 최초의 은행이자 이자를 주는 은행으로서 성장했어요. 이후 제르맹은 얀 주의 의원으로 선출되는 등 정치 활동을 하다 1905년 세상을 떠났어요.

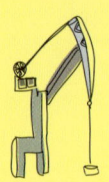

레옹 발라
Leon Walras, 1834~1910

너희가 한계 효용을 아느냐?

🍪 자신의 이론을 곱씹던 경제학자

1900년대 초, 스위스의 바트란트 주의 클라랑이라는 곳에 외지인이 방문 왔어요.

"여기 오면 그분을 만날 수 있다고 했는데, 도대체 어디로 가야 하지?"

외지인은 여기저기 기웃거려 보았지만 도통 어디로 가야 할지 몰랐어요. 한참을 헤맨 끝에 그는 결국 지나가는 사람에게 물어보기로 했어요.

"저, 혹시 여기 레옹 발라라는 선생님께서 어디 사시는지 아십니까?"

"누구요?"

"경제학자 레옹 발라 선생님이요."

질문을 받은 남자는 한참을 고민했어요. 그러다 무슨 생각이 들었는지 문득 밝은 표정으로 대답했어요.

"아, 매일 자기가 쓴 책을 들여다보면서 틀린 곳을 찾아내는 나이 지긋한 교수님이요?"

방문객이 찾던 사람은 경제학에

레옹 발라

큰 업적을 남긴 레옹 발라였어요.

당시 발라는 대학 교수 자리에서 물러나 클라랑에 쉬러 가 있었어요. 그렇지만 연구 활동에 대한 생각을 버리지 못하고 이웃 사람들마저 모두 알아볼 정도로 자신의 이론에 있을지도 모를 오류를 발견하기 위해 늘 책을 들여다보고 또 들여다보고 있었던 거예요.

수학을 못한 레옹 발라

발라는 1834년 프랑스 노르망디의 작은 시골 마을에서 태어났어요. 그의 아버지는 유명한 경제학자인 오귀스트 발라였어요. 아버지는 발라가 자신의 뒤를 이어 경제학을 공부하기 바랐지만 발라는 수학을 못해 프랑스 명문 대학인 파리 공과 대학에 두 번이나 떨어질 정도였어요.

그렇지만 발라는 개의치 않았어요. 대신 자신이 정말 하고 싶은 일이 무엇인지 고민하다 파리의 광업 대학에 들어가 광산학을 공부했어요. 그러나 이내 광산학이 자기와 맞지 않는다는 것을 알았어요. 그래서 발라는 관심을 문학으로 돌려 소설가가 될 꿈을 꾸었어요.

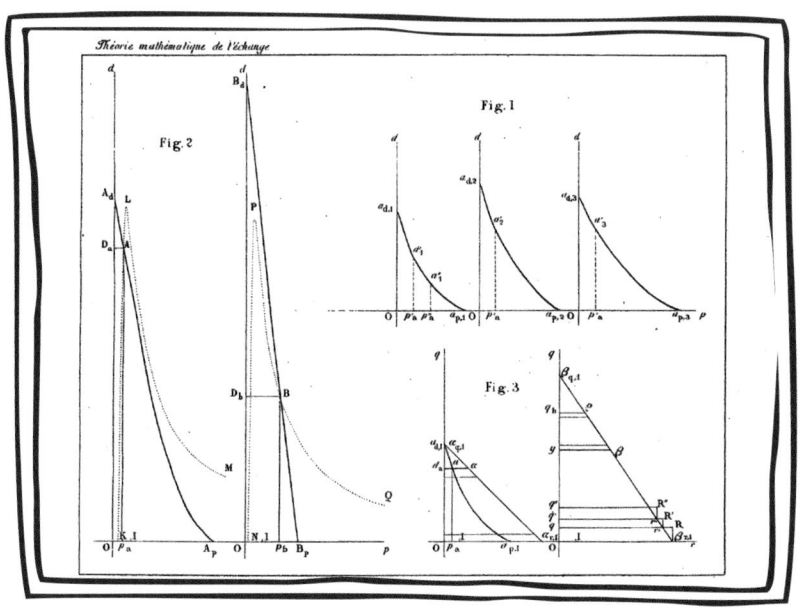

『순수 경제학 원리』의 본문

평소에 글 쓰는 것을 좋아했던 발라는 긴 머리를 어깨까지 늘어뜨리고 턱수염을 기른 채 글 쓰는 일에 몰두했어요. 그래서 1858년에는 『프랑스의 은인』, 1859년에는 「편지」라는 소설을 발표했어요. 하지만 발라의 소설은 사람들의 주목을 받지 못했어요. 발라는 무척 실망했고, 한동안 무얼 해야 할지 몰라 방황했어요.

그러던 어느 날, 발라가 힘들어하는 모습을 본 아버지는 대학에 가지 않더라도 혼자 경제학 공부를 해 볼 것을 권유했어요.

혼자서 경제학을 공부하는 일은 결코 쉬운 일이 아니었어요. 하지만 발라는 경제학을 공부하기로 했고, 경제학을 공부하는 동안 무척 행복했어요. 그리고 자신이 아버지처럼 경제학에 재능이 있다는 것을 깨달았어요.

혼자서 열심히 경제학을 공부한 발라는 금세 상당한 실력을 갖추게 되었어요. 하지만 당시 프랑스에서 정규 교육을 제대로 받지 못한 발라가 경제학자로 인정받기란 하늘의 별 따기였어요. 발라는 할 수 없이 신문사와 은행 등에서 일하며 경제학 연구를 계속했어요.

그렇게 12년이 지난 어느 날, 서른여섯 살이 된 발라에게 마침내 기회가 왔어요. 바로 스위스 로잔에서 열린 국제 조세 회의에서 한 정치가를 만나게 된 것이었어요. 그의 도움으로 발라는 1870년 로잔 대학의 특별 초빙 교수가 되었어요.

소비로 얻는 만족, 효용

그 후 로잔 대학의 정식 교수가 된 발라는 1874년에 『순수 경제학 원리』라는 책을 발표하여 단번에 유명해졌어요. 『순수 경제학 원리』에는 '효용'에 관한 발라의 연구 결과가 담겨 있어요.

다음 이야기를 통해 효용에 대해 쉽게 알 수 있어요.

영우의 주머니에 10,000원이 있어요. 그리고 물 한 잔과 다이아몬드 한 개가 각각 10,000원이라면 영우는 다이아몬드를 살 거예요. 매일 마시는 물이 한 잔에 10,000원이면 비싸지만, 다이아몬드가 10,000원이라면 싸다고 생각되니까요.

하지만 영우가 무더운 사막에서 사흘째 물 한 모금 마시지 못한 상태라면 다이아몬드 대신 물을 사서 마실 거예요. 만약 물 한 잔이 10,000원이 아니라 10만 원이라도 말이에요.

그럼 50,000원이 있다면 영우는 돈을 모두 물을 사 마시는 데 쓰는 대신 물을 한두 잔 사 마시고, 나머지는 다이아몬드를 살 거예요.

영우가 물이나 다이아몬드를 사기 위해 10,000원을 소비하는 이유는 그것을 손에 넣으면 만족을 얻을 수 있기 때문이에요. 이처럼 어떤 상품을 소비해서 얻게 되는 만족을 경제학에서는 '효용'이라고 해요.

경제의 모든 길은 희소성으로 통한다

사람들은 누구나 여러 가지 하고 싶은 것이 있지만 늘 모든 것을 다 할 수는 없어요. 그러기에는 시간과 돈이 부족하기 때문이에요. 이처럼 사람이 원하는 것에 비해 재화가 부족한 상황을 '희소성'이라고 해요. 그래서 사람들은 될 수 있으면 돈이나 시간을 적게 사용하는 합리적인 행동으로 더 큰 만족을 얻는 경제 활동을 하려고 해요. 그래서 "경제의 모든 길은 희소성으로 통한다"라고도 해요.

살아가는 데 꼭 필요한 물보다 사치품인 다이아몬드의 가격이 훨씬 비싼 이유는 물은 주변에 흔해서 조금 더 소비해도 효용이 크지 않지만, 다이아몬드는 아주 귀한 것이라서 하나 더 소비할 때의 효용이 아주 크기 때문이에요. 여기에는 갖고 싶은 사람은 많지만 자원은 한정되어 있는 '희소성'이라는 개념이 포함되어 있어요.

경제학자들은 효용이라는 개념으로 애덤 스미스나 리카도, 마르크스 등 이전의 경제학자들이 생각하던 노동 가치설에 도전하기 시작했어요. 상품을 만드는 데 들어간 노동의 양이 상품의 가치를 결정한다고 주장한 노동 가치설은 현실을 완벽히 설명해 주지 못했어요. 다시 말해, 노동 가치설에 따르면 영우는 자신이 어디 있든 물 한 잔을 10,000원을 주고 사 마시지 않았을 거예요.

그렇지만 실제로 영우가 사막에 있으면 10,000원이나 주고 물을 사 마실 테니 노동 가치설은 옳지 않은 이론이라고 생각했어요. 그래서 경제학자들은 상품의 가치를 결정하는 것은 노동이 아니라 '효용'이라고 생각하게 되었어요. 이런 생각을

'효용 가치설'이라고 해요.

    효용 가치설에서는 효용 중에서도 '한계 효용'이 상품의 가치를 결정한다고 보았어요. 한계 효용이란 상품을 '하나 더' 사용했을 때 얻어지는 효용이에요. 영우가 똑같은 물과 다이아몬드를 두고 상황에 따라 다른 선택을 한 것은 때에 따라 효용의 크기가 다르기 때문이에요. 영우가 물을 쉽게 얻을 수 있는 곳에 있을 때에는 물 한 잔을 사 마셔도 상대적으로 만족감은 그리 높지 않아요. 하지만 사막에서 사흘째 물 한 모금 마시지 못했을 때 사 마시는 물 한 잔은 매우 큰 만족을 줄 거예요. 결국 '한계 효용'이 클수록 상품의 가치가 크다는 거예요.

    '효용'과 '한계'라는 개념은 경제학에서는 매우 대단한 것이어서, 사람들은 이 발견을 '한계 혁명'이라고 불러요.

꿩 대신 닭, 대체재

'꿩 대신 닭'이라는 속담은 적당한 것이 없을 때 그와 비슷한 것으로 대신하는 경우를 이르는 말이에요. 경제에도 꿩 대신 닭이 있는데 바로 '대체재'예요. '대체'는 다른 것으로 바꾼다는 뜻으로, '대체재'란 사람들이 어떤 재화 대신에 소비하는 다른 재화를 가리키는 말이에요. 예를 들어, 버스 요금이 오르면 사람들은 버스를 타는 대신에 지하철을 이용하고, 지하철 요금이 오르면 버스를 타요. 그래서 버스와 지하철은 대체재예요. 또한 석유 가격이 오르면 정부는 "대체 에너지를 개발하자"고 하는데, 이것은 석유 대신 이용할 수 있는 에너지인 풍력, 해양 에너지 등을 개발하자는 거예요.

🍪 소비할수록 줄어드는 한계 효용

한계 효용이라는 개념을 기초로 경제학을 획기적으로 발전시킨 경제학자가 바로 발라예요. 그가 쓴 『순수 경제학 원리』는 효용에 관한 연구를 담은 책이에요.

발라는 소비자들이 가장 큰 효용을 얻을 수 있도록 소비한다는 것에서 아주 중요한 두 가지 사실을 알아내 그 내용을 책으로 썼어요.

첫째, 한계 효용은 소비량이 많아질수록 감소한다.
둘째, 각 물건에 대한 한계 효용이 서로 같을 때 총 효용이 가장 커진다.

'한계 효용은 소비량이 많아질수록 감소한다'는 첫 번째 법칙에 대해 예를 들면 다음과 같이 설명할 수 있어요.

학교에서 돌아온 봉수는 배가 너무 고팠는데 마침 엄마가 빵을 구워 주셨어요. 배가 고픈 상태에서 처음 먹은 빵 한 개는 정말 맛있었어요.

그러나 두 번째, 세 번째는 처음보다 덜 맛있었어요. 네 번째 먹은 빵은 이제 배가 불러서인지 아무 맛도 느낄 수가 없었어요.

봉수가 빵 한 개를 처음 먹었을 때가 가장 큰 효용을 얻었을 때예요. 두 개, 세 개째는 처음보다 효용이 적었고, 네 번째는 효용이 거의 없었어요. 이렇게 소비를 할 때마다 효용이 적어지는 것을 '한계 효용 체감의 법칙'이라고 해요.

그리고 두 번째 '각 물건에 대한 한계 효용이 서로 같을 때 총 효용이 가장 커진다'는 법칙은 다음과 같아요.

봉수는 5,000원으로 아이스크림과 초콜릿을 사 먹기로 했어요. 초콜릿보다 아이스크림을 더 좋아하는 봉수는 먼저 아이스크림을 사 먹었어요. 처음 먹은 아이스크림은 매우 맛있었어요. 두 번째는 조금 맛있고, 세 번째, 네 번째…… 이렇게 계속 먹다 보니 더 이상 아이스크림은 맛이 없었어요. 그래서 봉수는 초콜릿을 사 먹기로 했어요.

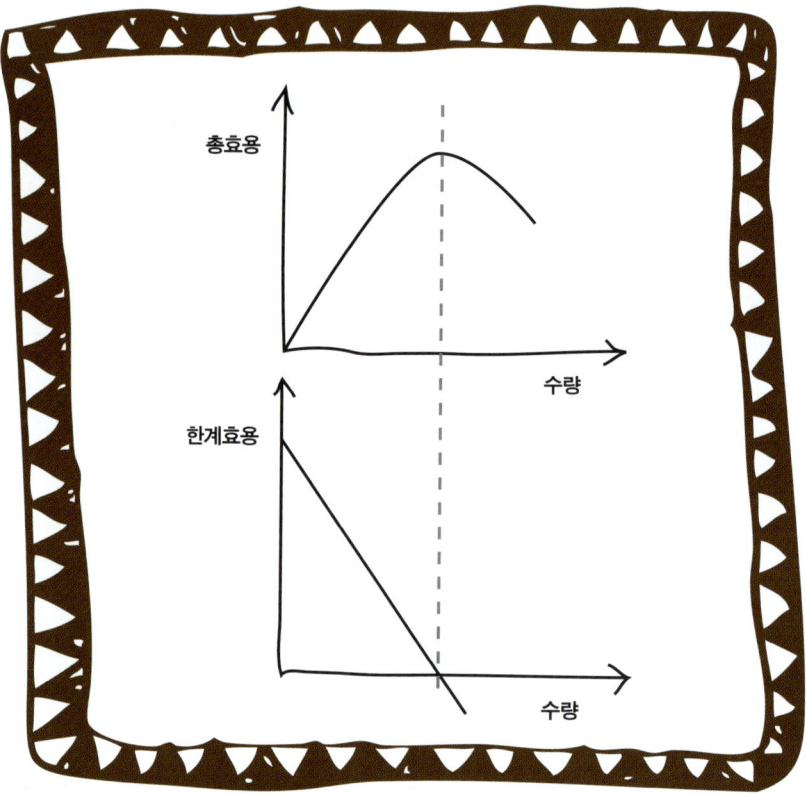

한계 효용 체감의 법칙을 나타낸 그래프

　아이스크림과 초콜릿 중에 더 먹고 싶은 것, 다시 말해 한계 효용이 더 높은 것부터 선택해서 하나씩 먹다 보니 '한계 효용 체감의 법칙'이 작용해요. 그리고 결국에는 아이스크림과 초콜릿이 똑같이 먹고 싶어지는 순간이 온 거예요. 아이스크림과 초콜릿의 한계 효용이 같아지는 상황이라고 볼 수 있어요. 그래서 이때 봉수가 초콜릿을 사 먹으면 만족도가 가장 커져서 효용의 합계인 '총 효용'이 가장 커지는 거예요.

사람들은 항상 총 효용이 가장 커지는 선택을 하기 때문에 이런 선택을 모두 모으면 사람들이 어떤 상품을 얼마나 소비하려는지 알 수 있어요.

바늘 가는 데 실 간다, 보완재

어떤 물건을 대신하는 다른 물건인 대체재와 달리, 짝을 이루어 함께 사용하는 물건도 있어요. 이것을 '보완재'라고 불러요. 예를 들면, 연필을 사용하면 지우개가 꼭 필요하고, 자동차가 움직이려면 기름이 꼭 필요해요. 이때 연필과 지우개, 자동차와 기름은 서로 짝이 되는 보완재예요. 보완재는 두 물건이 한꺼번에 사용되면서 하나의 효용을 낳아 만족을 키워 줘요.

한계 효용학파

발라는 1874년에 자신이 완성한 한계 효용 이론을 의기양양하게 다른 사람들에게 발표했어요. 그런데 사람들은 발라에게 되물었어요.

"모르고 있었어요? 한계 효용 이론은 이미 3년 전에 영국의 윌리엄 제본스와 오스트리아의 칼 멩거라는 경제학자가 발표했는데요."

발라가 혼자 열심히 연구만 하다 보니 이런 사실을 모르고 있었던 거예요.

이 일을 계기로 발라는 다른 나라 경제학자들이 어떤 연구를 했는지 두루 살펴보았어요. 그래서 한계 효용의 두 가지 법

시장 경제와 계획 경제

경제적으로 사회를 자본주의와 사회주의로 나눈 것과 마찬가지로 시장도 '시장 경제'와 '계획 경제'로 나누어 불러요. 보통 자본주의 경제를 시장 경제라 하고, 사회주의 경제를 계획 경제라고 해요. 시장 경제는 국가의 간섭 없이 시장에서 자연스럽게 가격이 결정되는 경제를 말해요. 여기에는 애덤 스미스의 '보이지 않는 손'이 작용하지요.

반면 계획 경제는 국가의 지시와 통제를 통해 계획적으로 경제를 이끌어 가는 것을 말해요. 여기에서 가격은 시장이 결정하는 것이 아니라 국가가 정해 줘요. 시장 경제에서는 기업들 간에 경쟁이 활발하여 좀 더 나은 상품을 생산하려 하겠지만, 계획 경제에서는 경쟁이 이루어지지 않기 때문에 경제 활동이 효율적이지 않을 수 있어요.

칙을 이미 20년 전에 헤르만 고센이라는 독일의 경제학자가 발표했다는 사실도 알아냈어요.

고센은 이 법칙을 발견한 뒤 코페르니쿠스가 천문학에서 이룬 업적을 자신은 경제학에서 이뤘다고 장담했어요. 하지만 당시로써는 너무도 어려운 이론이었기 때문에 사람들은 그만 고센의 이론을 무시해 버려 이 사실이 알려지지 않았던 거예요.

발라의 노력 덕분에 고센은 다시 '한계 효용 법칙의 위대한 발견자'로 대접받았어요. 그리고 한계 효용이라는 개념을 기초로 학설을 발표한 영국의 제본스, 오스트리아의 칼 멩거, 스위스의 발라를 '한계 효용학파'라고 불러요.

'보이지 않는 손'을 보여 준 일반 균형 이론

발라를 유명한 경제학자로 만들어 준 것은 시장의 자동 조절 기능을 복잡한 방정식을 통해 증명한 '일반 균형 이론'이에요. 일반 균형 이론은 하나의 시장이 아니라 모든 시장에서 어떻게 상품의 수요와 공급이 일치하여 가격이 결정되는가를 분석한 거예요.

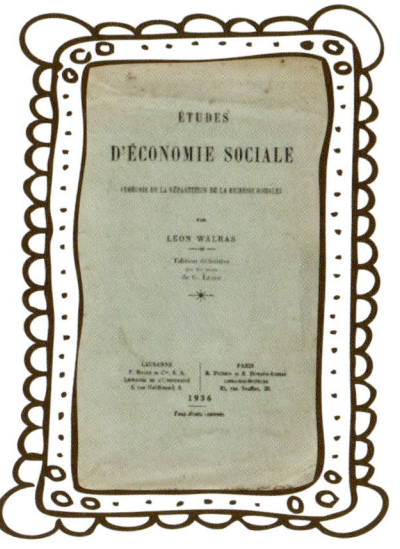

1896년에 발표한 레옹 발라의 저서 『사회경제학 연구』

발라는 시장의 자동 조절 기능을 통해 모든 것은 사회가 필요로 하는 만큼 공급되고 적합한 가격으로 거래된다는 것을 수학 공식으로 분석했어요. 그리고 애덤 스미스의 '보이지 않는 손'을 수학 문제를 풀듯 방정식으로 우리 눈앞에 보여 주었어요.

그래서 사람들은 발라가 수학을 굉장히 잘했을 거라고 생각해요. 한마디로 딱 정의하기 힘든 경제학을 설명하기 위해 어려운 수학 방정식을 이용해서 우리 눈앞에 이해하기 쉽게 펼쳐 주었으니까요.

하지만 학창 시절 발라는 수학을 잘 못했어요. 그렇지만 발라가 경제학자가 되기로 마음먹은 뒤 경제학 연구에는 수학 지식이 기본이라고 생각해 수학 공부도 열심히 했어요. 그래서 훗날 발라는 '모든 경제학자들 가운데 가장 위대한 경제학자'라는 칭찬까지 들었어요.

발라의 일반 균형 이론은 빌프레도 파레토에 의해 더욱 발전되었어요. 파레토는 발라의 추천으로 로잔 대학의 경제학 교수직을 이어받은 사람이에요.

발라는 파레토에 대해 "경제 용어를 수학 공식으로 옮기는 데 있어서 이만큼 재능이 있는 사람은 없다"고 칭찬했어요.

파레토는 시장에서 자유 경쟁이 이루어진다면 사람들이 원하는 만큼 모든 물건이 잘 생산될 거라고 생각했어요. 그러니 정부는 경제에 관여하지 말고 '보이지 않는 손'에 그냥 맡겨 두라는 주장이었어요. 그러면 사회 전체가 부유해지는, 가장 적합한 경제 상태가 된다는 거예요. 이것을 '파레토의 최적'이라고 해요.

그런데 파레토의 설명에는 부족한 점이 있어요. 사람들에게 시장에 참여할 기회를 공평하게 주긴 했지만 그 결과 어떤 사람들은 큰 부자가 되고 어떤 사람들은 너무 가난해지는 것에 대해서는 아무 말도 할 수 없었다는 점이에요.

 1893년에 파레토에게 교수 자리를 물려준 발라는 스위스의 클라랑에서 계속 경제학 연구를 했어요. 혹시 자신의 이론에 실수가 있었는지 살펴보면서 말이에요. 그리고 경제학에서 전 세계적으로 인정받을 만큼 중요한 업적을 남기고 1910년 세상을 떠났어요.

레옹 발라 | 1834년 프랑스에서 태어난 경제학자 레옹 발라는 고등학교를 졸업한 후 수학 실력이 부족하여 원하는 학교에 갈 수 없었어요. 이후 한동안 방황하던 발라는 경제학자였던 아버지의 권유로 경제학 공부에 뛰어들었어요. 하지만 정규 교육을 받지 않아 약 12년 동안 여러 직장을 전전하다 1870년 서른여섯 살이 되어서야 스위스 로잔 대학에서 경제학자로서 생활하기 시작하였어요. 그리고 1874년 칼 멩거, 윌리엄 제본스 등과 동시에 『순수 경제학 원리』를 주장하였으며, 수학을 이용하여 가격과 교환의 완성된 이론을 제시하려고 하여 근대 경제학의 시조가 되었어요.

앤드루 카네기
Andrew Carnegie, 1835~1919

철강왕이라 불린 사나이

노력으로 기회를 잡은 소년

미국 피츠버그 시의 전신국에서 일하는 열다섯 살의 소년이 소리쳤어요. 이 소년이 바로 훗날 철강왕이 되어 세계적인 부자로 이름을 날린 앤드루 카네기예요.

"전보요, 전보 왔습니다!"

카네기는 하루에 50센트를 받고 전보 배달 일을 하고 있었어요. 지금처럼 전화가 발달하기 전에는 전신기를 이용하여 부호로 된 신호를 주고받았어요. 카네기는 전신 기사가 입력해 준 전보를 배달해 주는 일을 맡았어요. 적은 월급이었지만 그는 불평하는 법이 없었어요. 오히려 그 일자리마저도 잃을까 봐 피츠버그 시에 있는 회사들의 이름과 주소를 달달 외울 정도였어요.

전보를 배달하며 카네기는 생각했어요.

앤드루 카네기

'꼭 전신 기사가 되고 말 거야.'

그래서 카네기는 밤늦게까지 전신 공부를 했어요. 온종일 일하느라 몸은 피곤했지만 전신 기사가 될 자신의 모습을 생각하면 절로 힘이 났어요. 아침 일찍 전신국에 나가서 전신기로 전보 치는 법도 연습했어요.

그러던 어느 날 아침, 필라델피아에서 피츠버그로 급한 전신이 왔어요.

'뚜- 뚜- 뚜-'

하지만 전신 기사는 아직 나오지 않은 상황이었어요.

'이를 어쩌지? 지금 전신을 받지 않으면 분명히 큰일이 날 텐데······.'

한참을 고민하던 카네기는 결국 큰 결심을 했어요.

'그래, 내가 직접 받자. 그동안 틈틈이 공부해 왔으니까 괜찮을 거야.'

카네기는 직접 전신을 받아 급한 전보를 무사히 전할 수 있었어요. 그리고 그 소년은 얼마 지나지 않아 전신 기사로 승진할 수 있었어요. 전신 기사가 된 카네기는 전보 배달을 할 때보다 두 배나 더 많은 월급을 받았어요.

가난한 이민자에서 철강왕까지

카네기는 1835년 스코틀랜드의 던펌린에서 태어났어요. 당시 카네기의 아버지는 집에서 옷감을 짜는 작은 공장을 운영해 카네기 집안은 넉넉한 편이었어요. 하지만 산업 혁명으로 옷감을 기계로 짜는 방직 공장이 생기면서부터 형편이 어려워졌어요. 아버지가 일자리를 잃은 뒤, 가족들 모두 힘겨운 시간을 보내야 했어요.

스코틀랜드에서는 지독한 가난에서 벗어날 수 없었기 때문에 카네기가 열세 살이 되던 해, 그의 가족은 미국으로 이민을 갔어요. 하지만 미국 생활 역시 만만치 않아서 카네기는 초등학교도 졸업하지 못하고 일자리를 찾아 나서야 했어요. 그는 면직물 공장 노동자, 전신국의 전보 배달원 등 여러 일자리를 거쳐 철도 회사에 취직하게 되었어요.

카네기는 가난에서 벗어나기 위해 맡은 일마다 온 힘을 다 했고, 곧 능력을 인정받아 승진을 거듭했어요. 그리고 그동안 모은 돈을 침대차를 만드는 회사에 투자해서 크게 성공했어

기업과 회사 그리고 CEO

'기업'의 사전적인 의미는 이윤을 위해 재화나 용역을 생산하고 판매하는 조직을 말해요. 또 '회사'는 이득을 남기기 위해 2명 이상이 법적인 인정을 받아 만든 단체예요. 그러니 기업과 회사는 큰 차이가 없다고 볼 수 있어요. 또 기업이나 회사를 이끄는 최고 경영자를 'CEO'라고 불러요. CEO는 기업의 중요한 일을 결정하는 기업의 대표자예요.

요. 그 후, 여러 가지 사업으로 성공한 카네기는 철도 회사를 그만두고 철강 사업에 관심을 가졌어요. 카네기는 산업이 발달할수록 철이 많이 필요하게 될 거라 생각했고 그의 예상은 꼭 들어맞았어요.

철이 필요한 곳은 셀 수 없이 많아서 공장을 지을 때도, 철도나 다리를 놓을 때도 철이 필요했어요. 하지만 그때 당시 미국은 필요한 철강을 대부분 외국에서 수입하고 있었어요. 그래서 카네기가 철강 회사를 세우자 여기저기서 그의 회사로 철강을 사기 위해 몰려들었어요. 카네기의 철강 회사는 순식간에 엄청난 이익을 내게 되었어요. 내친김에 카네기는 다른 철강 회사까지 사들여 미국에서 제일 큰 철강 회사를 세우고, 미

미국 오하이오 주에 있던 카네기 철강 공장

국 철강의 4분의 1을 생산할 정도가 되어 사람들로부터 '철강왕'이라고 불렸어요.

독점 자본가가 경제를 움켜쥐다

1873년, 미국의 작가 마크 트웨인은 『도금 시대』라는 풍자 소설을 썼어요. 당시 미국은 남북 전쟁을 거친 후라 사회적으로 변화가 심했던 시기였어요.

미국은 1783년 유럽에서 신대륙으로 건너온 사람들이 세운 나라였는데 이들은 1789년 조지 워싱턴을 초대 대통령으로 선출해 국가의 기틀을 닦았어요. 하지만 한 나라 안에서도 지역에 따라 경제 활동 기반이 달랐어요. 동북부 지역은 면 방직업, 목재업, 제철, 기계 공업 등 공업이 발달했어요. 반면 남부 지역은 농장을 가지고 흑인 노예들을 노동자로 삼아 농산물 생산과 가공, 유통을 주로 했기 때문에 농업이 발달했어요.

이런 경제적 이해관계의 차이로 인해 남북 전쟁이 일어났어

경쟁 없는 독점 기업

'독점'이란 사람이나 기업이 생산과 시장을 지배해 이익을 독차지하는 것을 말해요. 다시 말해, 시장에서 같은 상품을 만들어 내는 곳이 없어 한 군데에서만 상품을 만들고 판매하는 거예요. 이런 기업을 '독점 기업'이라고 하는데, 독점 기업은 경쟁 상대가 없어 가격과 공급량을 마음대로 조절할 수 있어요. 결과적으로 독점 기업은 소비자에게 피해를 줄 수 있어서 세계의 각 나라는 독점 기업을 막기 위해 노력하고 있어요.

1874년 미국 펜실베이니아 주의 피츠버그

요. 남북 전쟁은 노예 제도의 폐지를 두고 찬성하는 북부와 반대하는 남부가 나뉘어 벌인 전쟁이에요.

1860년부터 1865년까지 5년간의 전쟁은 공업화가 빨랐던 북부가 승리했어요. 그 영향으로 남부까지 공업화되어 가면서 미국은 그야말로 황금으로 도배할 만큼 눈부시게 발전한 시대를 맞았어요.

하지만 급격한 산업화는 돈만 있으면 무엇이든 마음대로 할 수 있다는 '황금만능주의' 사상을 사회에 널리 퍼뜨려 부자들은 벌어들인 돈으로 상상할 수조차 없을 정도로 사치를 일삼았어요. 반면 돈이 없는 노동자들은 지옥 같은 생활을 하루하루 이어 갔어요. 『도금 시대』는 바로 이러한 모습을 날카롭게 비판한 소설이에요. 이 작품의 영향으로 미국에서는 1870년부터 1930년까지를 '도금 시대'라고 부르게 되었어요.

바로 이 도금 시대에 철강 재벌 카네기, 석유 재벌 록펠러, 철도 재벌 밴더빌트 등의 독점 자본가들이 탄생했어요. 이들은 자신들이 가진 자본을 바탕으로 한 가지 산업을 모두 사들여 거대한 기업을 만들고 시장을 독점해 이윤을 모두 끌어모았어요.

노동자들의 조합, 노동조합

카네기는 도금 시대의 기업을 이끌어 가는 한 사람으로서 노동자의 권리를 지켜 주기 위해 노력했어요. 평소 카네기는 기업이 노동자의 권리를 인정해야 하고, 노동조합 역시 경영자만큼이나 기업에 필요한 요소라고 말하며 노동조합을 지원해 주었어요.

'노동조합'이란 노동자들이 함께 뭉쳐서 노동자들을 고용해 임금을 주는 '사용자' 즉, 자본가에게 자신들의 권리를 주장하

1919년 미국에서 열린 노동조합 집회

기 위해 만든 단체예요. 회사 안에서 노동자들은 자본가의 뜻에 따라 움직이는 경우가 많아서 노동자의 권리가 약해져요. 그래서 노동자들은 노동조합을 통해서 사용자에게 월급을 올려 달라고 요구하기도 하고, 더 편하고 쾌적하게 일할 수 있는 환경을 만들어 달라고 요구하기도 해요.

당시 기업을 운영하던 경영자들 대부분은 노동조합을 골치 아픈 단체라고 생각했어요. 노동자들이 똘똘 뭉쳐 회사에 자신들의 권리를 주장한다는 것이 못마땅했기 때문이에요. 하지만 카네기는 노동조합을 지원해 주어 사람들은 그를 '정직한 기업가이며 노동자의 친구'라고 불렀어요.

 철강왕의 깨달음

하지만 카네기에 대한 이런 인식이 바뀌는 사건이 일어나고 말았어요. 1892년 여름, 미국 홈스테드에 있는 카네기가 인수한 철강 공장에서 노동자들과 경영자 간에 싸움이 벌어진 거예요.

당시 카네기는 홈스테드의 철강 공장을 산 후, 경영 책임자로 헨리 프릭이라는 사람을 앉혔어요. 헨리 프릭은 회사 안에 있는 노동조합을 눈엣가시처럼 여겼어요.

"노동조합이 있으면 경영자의 뜻대로 회사를 이끌 수가 없어. 노동자들이 요구하는 것을 들어주다 보면 회사 이익이 줄어들 수밖에 없지!"

그래서 헨리 프릭은 사람을 시켜 노동조합을 없애 버리려고 했어요. 그러자 노동자들이 들고일어난 것은 당연했어요. 노동자들의 시위를 견디다 못한 헨리 프릭은 공장을 폐쇄했지만, 노동자들은 공장을 차지하고 시위를 계속했어요. 이에 헨리 프릭은 노동자들을 쫓아내고 공장을

정규직과 비정규직

기업에서 노동자를 고용하는 형태는 크게 '정규직'과 '비정규직'의 두 가지로 나눌 수 있어요. 정규직은 기간을 정하지 않고 일하는 것이고, 비정규직은 기간을 정해 두고 일하는 거예요. 정규직에 비해 비정규직은 보호받지 못하는 노동 형태예요. 비정규직은 계약직, 임시직, 일용직 등으로 구분돼요. 그중 계약직은 일하는 기간과 임금을 미리 정해 기업과 계약을 하고 일을 하는데 보통 1년 단위로 계약을 해요. 계약 기간이 끝나면 더 이상 일을 할 수 없게 되어 불안정한 생활을 할 수밖에 없어요. 임시직은 말 그대로 미리 정하지 않고 잠깐 일하는 것이고, 일용직은 하루 단위로 계약해서 임금을 받고 일하는 매우 불안정한 형태예요.

되찾기 위해 용역들을 불렀어요. 이때 용역들과 노동자들 사이에서 싸움이 벌어져 많은 사람이 죽고 다치는 지경에까지 이르렀어요.

노동자와 경영자 간의 대립이 걷잡을 수 없는 사태로 번지자, 카네기는 슬그머니 휴가를 떠나 버렸어요. 골치 아픈 문제에 대한 책임을 떠안고 싶지 않았기 때문이었어요. 사람들은 카네기가 평소 늘 말해 왔던 것과 달리 노동자들을 도와주려 하지 않자 그에게 실망했어요.

"노동자들을 생각해 주는 척하더니 정작 필요할 때는 도망쳐 버렸어. 이런 위선자 같으니라고!"

카네기는 사람들의 비난에 큰 충격을 받았어요. 이 충격으로 그는 나중에 부자가 되면 꼭 가난한 사람을 돕겠다고 결심했던 어린 시절의 기억을 다시 떠올리게 되었어요. 또한 카네기는 한창 사업을 키워 갈 무렵인 1868년, 2년 후엔 모든 사업을 그만두고 생활비를 제외한 나머지 수입을 모두 자선 사업에 쓰겠다는 계획을 세웠던 것도 떠올렸어요.

앤드루 카네기 동상

"그래, 내가 중요한 것을 잠시 잊고 있었어. 부자로 살다가 부자인 채로 죽는다면 그건 정말 부끄러운 죽음이야. 부는 무덤까지 가져가는 게 아니니까."

카네기의 사회 기부 활동

이후 카네기는 돈이란 쓰기 위해서 버는 것이고, 번 돈을 의미 있게 쓰는 것이 가장 중요하다고 마음을 다잡았어요. 또 필요한 곳에 자신의 돈을 기부하고, 나누는 것이 부자의 몫이라고 여겼어요. 카네기는 자신의 이러한 생각을 『부의 복음』이라는 책에 정리했어요. 여기서 그는 "부자로 죽는 것은 수치스럽다. 기업인은 재산을 사회에 환원해 좋은 곳에 쓰이도록 해야 한다"고 했어요.

1901년, 카네기는 자신의 생각대로 사업을 모두 정리했어요. 어마어마하게 큰 이익이 나는 미국 최대의 철강 회사도 다른 사람에게 팔아 버렸어요. 그리고 그 후, 죽을 때까지 자선 사업에 몰두했어요.

카네기는 미국 전 지역에 연구소, 미술관, 박물관, 도서관 등을 지어 기증하기 시작했어요. 특히 자신이 젊은 시절 무료

미국의 석유왕 록펠러의 기부

록펠러는 석유 회사인 스탠더드 오일 회사의 회장이었어요. 스탠더드 오일 회사는 1882년 당시 미국 내 정유소의 95퍼센트를 차지하여 록펠러는 석유왕이라 불렸어요. 록펠러가 처음 돈을 벌 때에는 냉혹한 짓을 많이 저질러 자신을 죽이려는 사람들로부터 자신을 보호하기 위해 침대 곁에 권총을 두고 잘 정도였어요. 하지만 1913년 자신이 번 돈을 기부하기로 마음먹고 록펠러 재단과 록펠러 의학 연구소를 만들었어요. 그리고 교육과 의료, 과학 분야에 지원을 아끼지 않았고 세상을 떠날 때는 재산을 자녀들에게 남기지 않고 모두 기부했어요. 그래서 오늘날에도 록펠러 재단은 세계 각국의 굶주림을 해결하고 학문과 문화를 발전시키는 데 기여하고 있어요.

도서관을 이용했던 경험을 되살려 고향 던펌린을 시작으로 미국과 영국에 2,500개 이상의 도서관을 세웠어요. 또한 1900년에는 카네기 멜론 대학으로 불리는 카네기 공과 대학을 설립하고, 오늘날 미국 뉴욕에 있는 유명한 콘서트홀인 카네기 홀도 지어 기증했어요. 그뿐만 아니라 1902년에 카네기 협회, 1905년에 카네기 교육 진흥 재단, 1910년에 카네기 국제 평화 재단, 1911년에 카네기 재단을 설립했어요. 또 세계 평화 운동 단체 등 여러 사회단체에도 많은 돈을 기부하며 지원을 아끼지 않았어요.

자신이 이룬 성공을 다른 사람들과 함께 나눌 줄 알았던 멋진 경영자인 카네기의 기부 활동은 이후 많은 경영자에게 모범이 되어 미국 사회의 문화로 자리 잡게 되었어요.

지금도 미국의 성공한 기업가들은 기업이 벌어들인 돈을 사회에 기부하는 것을 당연하게 여겨요. 기업뿐 아니라 보통 사람들도 기부를 많이 해서 흔히 미국을 기부 문화가 발달한 나라라고 불러요.

미국 철강 시장을 뒤흔든 철강왕 카네기는 자신의 재산 대부분을 사회 곳곳에 돌려주고 1919년 세상을 떠났어요. 부를 무덤까지 가져가지 않겠다던 자신의 소신을 끝까지 지켜낸 거예요. 그래서 그는 오늘날까지 사람들의 기억 속에 따뜻한 자선 사업가로 남아 있어요.

카네기 멜론 대학 학생회관

앤드루 카네기 | 1835년에 스코틀랜드에서 태어난 기업가 앤드루 카네기는 미국으로 이민을 가 어려서부터 여러 가지 일을 했어요. 그리고 1853년 철도 회사에서 일을 하는 동안 다양한 사업에 투자하여 큰 이윤을 얻어 1865년 철강 사업에 뛰어들었어요. 철강 사업이 크게 번창하자, 카네기는 1870년대부터 석탄, 철광석, 철도, 선박 등을 한데 모은 독점 기업을 세웠으며 1892년에는 미국 철강 생산의 4분의 1을 차지하는 '카네기 철강 회사'를 세웠어요. 그렇지만 1901년 사업을 모두 정리하고 자선 사업에 몰두하다 1919년에 세상을 떠났어요.

앨프레드 마셜
Alfred Marshall, 1842~1924

수요와 공급의 시장 균형

가난 없는 세상을 꿈꾼 소년

여름방학을 맞아 집을 떠나 친척 집으로 떠나는 앨프레드 마셜은 기분이 매우 좋았어요.

"이제 한동안 그 엄청난 공부는 하지 않아도 되겠지!"

마셜의 아버지는 매일같이 어린 마셜에게 어마어마한 양의 공부를 시켰어요. 그래서 친구와 놀 틈도 주지 않았어요. 하지만 여름방학이 되면 잠시 공부하라는 아버지의 잔소리를 듣지 않아도 되었어요.

"야, 양초! 오늘은 흐물흐물 녹아내리지는 않을 것 같네."

"손꼽아 기다리던 여름방학이잖아. 오늘 친척 집에 가."

매일 공부에 시달리던 마셜의 별명은 양초였어요. 얼굴은 창백하고 늘 피곤해 보였기 때문이었어요.

"거기서는 뭘 하는데?"

"수학 문제도 좀 풀고 체스도 할 거야."

"뭐? 기껏 쉬는데 또 머리 쓰는 걸 한다고?"

"집에서는 그나마도 못하는걸."

앨프레드 마셜

친척 집으로 향하던 마셜은 공장이 잔뜩 늘어선 동네 뒤편의 빈민가를 지나쳤어요. 하지만 빈민가의 모습은 마셜을 깜짝 놀라게 했어요. 마셜은 늘 부유하게 지내며 공부에만 전념했기 때문에 주위에 제대로 된 집도 없고, 배불리 먹지도 못하는 사람들이 많다는 것을 몰랐던 것이었어요.

이때 받은 충격으로 마셜은 가난한 사람 없이 모두가 잘사는 세상을 만들기 위해 자신이 무얼 해야 할지 고민했어요. 그리고 훗날 세상에서 가난을 몰아내기 위해 연구하는 경제학자가 되었어요.

차가운 이성과 따뜻한 마음을 지닌 앨프레드 마셜

마셜은 1842년 영국 런던의 버몬지에서 태어났어요. 그의 아버지는 잉글랜드 은행의 은행원이었어요. 덕분에 마셜은 별 어려움 없이 자랄 수 있었어요.

마셜의 아버지는 자식 교육에 매우 열심이었어요. 더구나 아들이 영리하다는 걸 알고 나서는 큰 기대를 걸고 있었어요. 그래서 마셜은 어려서부터 밤 11시가 넘도록 어려운 히브리어

영국 케임브리지에 있는 케임브리지 대학

를 아버지에게 직접 배워야 했어요.

아버지는 마셜이 옥스퍼드 대학에서 신학을 배워 성직자가 되기를 원했지만 어려서부터 수학을 좋아했던 마셜은 케임브리지 대학에 입학하여 수학을 전공했어요. 이때부터 마셜은 스스로 학비를 벌며 공부했지만 자신이 좋아하는 수학을 배울 수 있어서 매우 좋았어요.

당시 영국은 산업 혁명과 식민지 건설로 경제가 발전한 부자 나라였어요. 영국이 식민지를 건설한 것은 산업 혁명의 영향이 컸어요. 산업 혁명으로 생산 기술이 발달하여 물건을 한꺼번에 많이 만들 수 있게 되자, 원자재가 많이 필요해졌어요. 또한 물건을 필요한 양보다 더 많이 만들게 되었어요. 이 문제를 해결하기 위해 생각해낸 방법이 바로 식민지 건설이었어요. 다른 나라를 식민지로 만들면 그곳의 자원을 차지해 원자재를 얻을 수 있고, 만들어진 물건을 쉽게 팔 수 있었어요. 그래서 전 세계에 수많은 식민지를 가진 영국은 '해가 지지 않는 나라'로 불릴 정도였어요.

이런 나라에도 가난한 사람들 역시 여전히 많았어요. 우연히 불쌍하고 가난한 사람들을 본 마셜은 살기 좋은 세상을 만들고 싶다는 마음으로 철학과 윤리학 공부를 시작했어요. 하지만 좀 더 현실적으로 가난한 사람들을 돕고 싶어 뒤늦게 경제학을 공부해야겠다고 마음먹고 브리스톨 대학과 벨리올 대학을 거쳐 1884년에 케임브리지 대학의 정치경제학 교수가 되었어요.

마셜은 경제학을 공부하는 사람은 따뜻한 마음을 가져야 한다고 생각했어요. 그의 이런 마음은 마셜이 강의에서 자주 했던 말 속에도 잘 나타나 있어요.

"가장 강력한 인간을 만드는 위대한 어머니로서의 케임브리지에서 나의 힘이 닿는 데까지 '차가운 머리와 따뜻한 마음'을 가진 인재들을 세상에 내보내는 것이 내가 가장 소중하게 생각하는 희망이며, 나의 가장 큰 노력이다."

여기에는 케임브리지를 졸업한 학생들이 사회에 나갈 때,

날카롭고 합리적으로 생각하는 능력과 남을 위하는 따뜻한 마음을 가질 수 있기를 바라는 마음이 담겨 있어요. 이 말은 지금도 경제학을 공부하는 사람들이 지녀야 할 기본적인 태도로 간직되고 있어요. 또한 마셜 자신도 가난한 사람들의 어려움에 진심으로 가슴 아파할 줄 알고, 냉정하게 세상을 보는 눈도 가진 차가운 이성과 따뜻한 마음의 경제학자였어요.

수요와 공급을 그림으로 설명한 '마셜의 십자'

마셜은 자만하지 않고 경제학 연구를 열심히 했어요. 매년 여름 방학이면 그는 배낭에 책을 싸들고 혼자 알프스 산속으로 향했어요. 그리고는 눈과 얼음으로 뒤덮인 산등성이에 걸터앉아 경제에 관한 생각에 골몰했어요.

'정말 이상하다. 상품을 팔려는 사람은 비싸게 팔기를 원하고, 사려는 사람은 싸게 사기를 원하는데, 도대체 가격은 어떻게 결정되는 것일까?'

고전파 경제학자의 설명대로라면, 상품을 생산하는 데 드는 비용에 따라 가격이 결정될 거예요. 한계 효용학파 경제학자

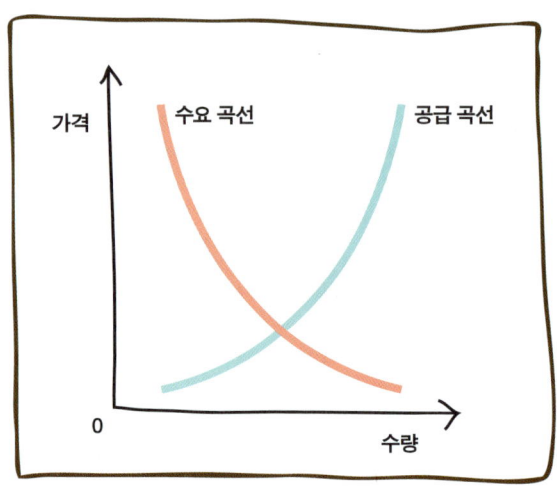

마셜의 십자

의 설명대로라면, 상품을 사용해서 얻는 만족도에 의해 결정될 테고요. 하지만 마셜은 이 설명에 만족할 수 없었어요. 마셜은 상품의 가치를 결정하는 게 효용이냐, 생산이냐 하는 문제로 다투는 것은 어리석어 보였어요. 고전파 경제학자들은 공급을 너무 강조했고, 한계 효용학파 경제학자들은 수요를 지나치게 강조했기 때문이에요.

마셜은 수요 곡선과 공급 곡선이 교차하는 지점에서 가격이 결정된다는 사실을 알아차렸어요. 그래서 그 이론을 간단한 그림으로 그려 설명했는데, 그것이 바로 '마셜의 십자'예요. '마셜의 십자'란 수요와 공급 곡선이 만나는 지점에서 가격이 결정된다는 것을 그림으로 간단하게 설명한 거예요.

만약 500원 하던 아이스크림 가격이 어느 날 갑자기 올라서 600원이 된다면 아이스크림을 사 먹으려는 사람이 줄어들 거예요. 반대로 400원으로 가격이 내려가면 더 많이 사 먹으려고 할 거예요. 이것을 '수요의 법칙'이라고 해요. 마셜의 십자에서 왼쪽 위에서 오른쪽 아래로 내려 그은 곡선이 바로 수요의 법칙을 표현한 것으로 '수요 곡선'이라고도 해요.

반대로 아이스크림 가게 주인은 가격이 올라가면 더 많이 팔려고 하고, 가격이 내려가면 적게 팔려고 해요. 이것을 '공급의 법칙'이라고 해요. 마셜의 십자에서 왼쪽 아래에서 오른쪽 위로 올려 그은 곡선이 바로 공급의 법칙을 표현한 것으로 '공급 곡선'이라고도 해요.

아이스크림 가격이 올라가면 사려는 사람은 줄어드는 대신, 아이스크림 가게는 늘어날 거예요. 그러면 가게들 사이에서 경쟁이 심해져서 가격은 다시 내려갈 거예요. 그 반대의 경우도 마찬가지예요. 이렇게 가격이 변동하면 수요와 공급이 따라서 변하면서 다시 수요와 공급이 교차하는 지점에서 가격이 결정돼요. 누가 정해 준 것이 아니라 마치 자동으로 조절되는 기계처럼 말이에요.

이처럼 사람들이 일부러 가격을 바꾸고 생산량을 조절하지

생산에서 소비까지, 유통

상품이 만들어지면 그것을 필요로 하는 사람에게 전달되어야 하는데 이 과정을 '유통'이라고 해요. 예를 들어, 과자가 우리에게 전달되려면 밀을 길러 낸 생산자가 밀가루를 만드는 공장에 팔고, 밀가루를 만든 생산자는 과자 만드는 공장에 팔고, 과자를 만든 생산자는 물건을 대량으로 사는 도매업자에게 팔고, 도매업자는 다시 소매업자에게 파는 과정을 거쳐요. 그 후에 백화점이나 슈퍼마켓, 시장 등에서 우리가 과자를 사 먹게 돼요. 이러한 모든 과정을 유통이라고 불러요. 다시 말해, 유통은 생산과 소비를 연결해 주는 다리예요.

적은 이익으로 많이 판다, 박리다매

'박리다매'란 상품을 팔아 벌어들이는 이윤은 적더라도 싼값으로 물건을 많이 파는 것을 말해요. 박리다매는 수요의 가격 탄력성과 매우 밀접한 관련이 있어요. 같은 상품을 조금 더 싸게 팔면 많은 사람이 찾게 돼요. 그래서 상품 하나를 팔 때 번 돈은 적지만 열 개, 스무 개를 팔면 큰 이윤이 생겨요. 가장 대표적인 예로 대형 할인 마트가 있어요. 상품을 싸게 파는 큰 상점인 대형 할인 마트는 싼값에 물건을 사서 다른 곳에 비해 싸게 팔기 때문에 사람들이 많이 찾아요.

않더라도, 수요와 공급이 일치하는 지점에서 상품의 가격과 생산량이 자동으로 결정되는 것을 마셜은 '시장의 균형'이라고 불렀어요. 이 이론은 경제학을 잘 모르는 사람조차도 알 정도로 경제학의 대표적인 이론이에요.

똑같이 싸도 잘 팔리는 물건만 팔린다

1877년, 마셜은 제자였던 경제학자 매리 패일리와 결혼하면서 9년 동안 학생들을 가르쳤던 케임브리지 대학을 떠났어요. 당시 케임브리지 대학에서는 결혼하면 대학을 떠나야 한다는 독신 원칙이 있었어요. 마셜 부부는 브리스톨의 유니버시티 대학으로 옮겼지만 불과 4년 만에 마셜의 건강이 나빠지고 말았어요.

그래서 마셜이 대학 강의를 그만두고 이탈리아의 시실리 섬으로 휴양을 떠난 어느 날이었어요. 상쾌한 기분으로 해변을 거닐던 마셜은 오렌지 가게 주인이 손님과 흥정하는 모습을 보았어요.

"하나에 1,000원씩 다섯 개면 5,000원입니다."

"열 개 살 테니 하나에 900원씩 해 주세요."

마셜은 고개를 갸웃거렸어요.

'아니, 100원을 깎아 주면 원래 계획보다 두 배나 많이 사겠다고?'

박리다매의 대표적인 예인 대형 할인 마트

이러한 현상을 본 마셜은 다시 연구에 몰두하여 새로운 이론을 발견해냈어요.

'그래, 상품에 따라 가격이 변할 때 수요량이 변하는 정도는 다 달라. 마치 같은 힘으로 잡아당겨도 고무줄과 철사 줄이 늘어나는 정도가 다른 것처럼 말이야.'

마셜은 어떤 상품의 가격이 달라질 때 그에 따라 수요량은 얼마나 달라지는지를 나타내는 것을 '수요의 가격 탄력성'이라고 불렀어요. '탄력성'이란 공급자와 소비자가 시장의 변화에 반응하는 정도를 나타내는 지표예요. 수요의 가격 탄력성에 대해 예를 들면 다음과 같아요.

무더운 여름, 아이스크림 가게와 붕어빵 가게가 나란히 장사를 하고 있었어요. 날씨가 더워 아이스크림 가게에는 손님이 많았지만 붕어빵 가게에는 손님이 거의 없었어요. 붕어빵 가게 주인은 1개에 500원인 붕어빵 가격을 300원으로 내렸어요. 하지만 사람들은 여전히 뜨거운 붕어빵은 본 척도 하지 않고 시원한 아이스크림만 사 갔어요.

그런데 만약 아이스크림 가게에서 한 개에 500원인 아이스크림 가격을 300원으로 내린다면 한 개를 사 먹던 사람도 두 개를 사려고 할 거예요. 수요의 가격 탄력성은 둘 다 똑같이 가격을 내리더라도 붕어빵은 안 팔리고 아이스크림은 더욱 잘 팔리는 것처럼 어떤 상품인가에 따라 수요량이 변하는 정도를 말하는 거예요.

50년 동안 고쳐 쓴 『경제학 원리』

마셜은 어려운 공식을 순식간에 만들어 내는 천재는 아니었어요. 오히려 조금씩 꾸준히 공부하고 노력하는 학구파였어요. 1890년에 출간된 마셜의 저서 『경제학 원리』를 보면 그가 얼마나 노력했는지 알 수 있어요. 마셜은 『경제학 원리』라는 책 한 권을 무려 20년 동안 고치고 또 고쳤어요. 그뿐만 아니라 1924년 세상을 떠나기 얼마 전까지도 경제학 연구에서 손을 놓지 않았고 『경제학 원리』의 내용을 수정하여 여덟 번이나 다시 냈어요. 책 한 권을 무려 50여 년에 걸쳐 쓴 거예요.

마셜의 50년 연구를 담은 『경제학 원리』는 20세기 초반까지 경제학을 공부하는 데 기초가 되는 책으로 세계 여러 나라에서 읽혔어요. 그래서 여든두 살에 세상을 떠났을 때 사람들은 그를 '지난 100년을 통틀어 가장 위대한 경제학자'라고 칭송하며 그의 죽음을 슬퍼했어요. 오늘날 마셜은 '근대 경제학의 창시자'라고 불려요.

『경제학 원리』

앨프레드 마셜 | 1842년 영국에서 태어난 경제학자 앨프레드 마셜은 케임브리지 대학에서 수학과 물리학, 윤리학 및 경제학을 공부하였어요. 그리고 1870년 독일로 건너가 경제학 연구에 몰두하다 1883년 옥스퍼드 대학의 경제학 강사 활동을 시작으로 1884년 케임브리지 대학의 정치경제학 교수가 되었어요. 그리고 잠시 케임브리지 대학을 떠난 간 적도 있었지만 이내 돌아와 케임브리지 대학에 최초로 독립된 경제학과를 세웠어요. 또한 1890년에는 『경제학 원리』를 펴내는 등 활발한 연구 활동을 하다 1924년 세상을 떠났어요.

소스타인 베블런
Thorstein Veblen, 1857~1929

비싼 것이 아름답다?

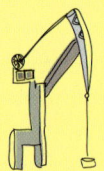

🍪 매일 책만 보는 청년

대학을 우수한 성적으로 졸업한 한 청년이 어느 날, 어깨가 축 처진 채 고향으로 돌아왔어요. 취직도 못 한 데다 말라리아 때문에 몸도 아픈 상태였어요. 청년의 이름은 소스타인 베블런이었어요.

베블런은 고향 집에서 책을 읽으며 시간을 보냈어요.

"저 집 아들은 왜 농사일은 거들지도 않고 방구석에서 빈둥거리기만 한대요?"

"그러게요. 어려운 박사까지 됐다면서 일자리도 못 구하고……."

사람들은 집에서 빈둥거리며 책만 읽는 베블런을 보며 이렇게 수군거렸지만 베블런은 이런 주위의 시선을 그다지 신경 쓰지 않았어요. 대신 정치학, 경제학, 사회학, 고고학 등 분야를 가리지 않고 책만 읽어 나갔어요. 그렇게 7년을 고향집에서 보내고 나자 처음에는 베블런을 이해해 주던 가족들도 이제 책만 들여다보는 아들에게 점점 지쳐 갔어요.

소스타인 베블런

"벌써 네 나이가 서른넷이다. 차라리 대학으로 돌아가."

그동안 사람들도 만나지 않고 책만 읽었던 베블런은 경제학 공부를 제대로 해 보고 싶어졌어요. 그래서 1891년, 고향에서의 오랜 칩거를 끝내고 코넬 대학의 경제학 교수인 제임스 로플린을 불쑥 찾아갔어요.

"제가 소스타인 베블런입니다."

너구리 가죽 모자에 허름한 바지를 입은 베블런을 본 로플린 교수는 깜짝 놀랐어요. 하지만 그는 베블런을 쫓아내는 대신 특별 연구원으로 뽑았어요. 서른네 살이라는 적지 않은 나이였지만 많은 책을 읽은 베블런은 그때부터 세상에 자신의 이름을 알리기 시작했어요. 그리고 새로운 눈으로 경제학에 큰 업적을 남길 수 있었어요.

괴짜 중의 괴짜, 소스타인 베블런

베블런은 1857년 미국 위스콘신 주의 외딴 시골 마을에서 태어났어요. 그의 부모님은 노르웨이 사람으로 베블런이 태어나기 10년 전에 미국으로 이민을 왔어요.

당시 미국에는 베블런의 가족 외에도 많은 노르웨이인이 이

민을 와서 살고 있었어요. 이들
은 충성을 강요하는 노르웨이
국왕이 싫어서 고국을 떠난 사
람들로, 함께 모여 마을을 이루고
농사를 지으며 살았어요. 하지만 모
두들 여전히 노르웨이를 자신의 조국으로
생각하며 노르웨이 말을 쓰고 노르웨이 풍습
을 따르며 살아왔어요. 그래서 베블런은 미국에서 태어난 미
국인이었지만 이런 환경 속에서 자라서 영어보다 노르웨이어
를 먼저 배웠어요. 그래서 대학에 갈 때까지 영어가 능숙하지
않았을 정도였어요.

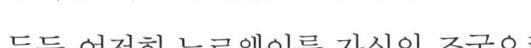

　베블런의 부모는 그가 신학을 공부해서 목사가 되길 바랐어
요. 그래서 베블런은 신학 대학에 들어갔지만, 목사가 되기에
는 너무도 엉뚱하고 유별난 학생이었어요. 예배 시간에 연설
을 한답시고 "우리 모두 술에 취하세"라고 외치는가 하면, 식
인 풍습을 예찬하기도 했어요. 하지만 어려서부터 무척 영리
했던 베블런은 대학에서 우등생으로 조기 졸업을 할 수 있었
어요.

　하지만 베블런은 목사가 되기보다는 공부를 계속하고 싶어
서 예일 대학에서 철학을 공부했어요. 이곳에서도 베블런은

여전히 엉뚱하고 괴짜였어요. 긴 머리에 턱수염을 기르고, 항상 싸구려 옷을 입고 다녀서 누구든 멀리서도 베블런을 한눈에 알아볼 수 있었으니까요.

베블런은 스물일곱 살 때 철학 박사 학위를 받았지만, 이민자 2세에다 괴짜인 그를 교수로 받아 주는 대학은 없었어요. 할 수 없이 그는 고향으로 돌아가 자기 방에 틀어박혀 책만 읽고 있었던 거예요. 사람들은 일자리를 얻지 못한 베블런을 보며 뒤에서 손가락질했지만 이때 그는 경제학계의 거인으로 태어날 모든 준비를 마친 셈이었어요.

시카고 대학의 종탑

 ## 시카고 대학에서의 연구

이후 코넬 대학의 경제학 대학원에 입학한 베블런은 1892년이 되어서야 시카고 대학의 경제학 강사 자리를 얻었어요. 당시 시카고 대학을 세운 석유 재벌 존 록펠러가 경제학 분야에 새로운 교수들을 많이 채용했기 때문이었어요.

베블런은 록펠러 덕분에 교수가 된 셈이지만 록펠러 같은 재벌 기업가들을 곱지 않은 시선으로 바라보았어요. 그때 미국은 철도, 철강, 선박, 석유 등 여러 산업이 발달하며 세계 자본주의의 선두를 달리기 시작했어요. 그래서 거대 기업이 탄생하며 카네기, 포드, 모건 등 이름만 들어도 알 만한 재벌이 생겨났지만 사람들 대부분은 여전히 가난했어요. 부자들은 부당한 방법으로 수많은 작은 기업이 설 자리를 잃게 만들었고, 자신들은 돈이 많다는 것을 뽐내기라도 하듯 사치를 일삼고 다녔어요.

『허생전』과 매점매석

박지원의 소설 『허생전』은 '허생'의 돈을 버는 과정을 통해 당시 조선 경제의 문제점을 꼬집었어요.

책만 읽던 선비 허생은 어느 날, 소문난 부자를 찾아가 1만 냥을 빌렸어요. 그리고 그 돈으로 잔치나 제사 때 쓰는 과일, 갓의 재료인 말총을 두 배 값으로 모두 사들여 나중에 열 배의 값을 받고 팔아서 큰 이윤을 남겼어요. 이렇듯 가격이 많이 올랐을 때 팔아서 큰 이윤을 얻으려는 목적으로 상품을 미리 한꺼번에 많이 사 두는 것을 '매점매석' 혹은 '사재기', 경제학 용어로는 '공급 독점'이라고 해요. 오늘날 매점매석은 경제의 원활한 흐름을 막기 때문에 법으로 금지하고 있어요.

베블런은 이런 재벌의 모습을 놓치지 않고 날카롭게 분석했어요. 그리고 그 결과를 모아 1899년 『유한계급론』이란 책을 출간했어요. 이 책은 출간되자마자 많은 사람의 관심을 끌었고 베블런은 금세 유명해졌어요.

뷔리당의 당나귀

'뷔리당의 당나귀'는 프랑스의 철학자 뷔리당이 말했다고 전해지는 유명한 우화로 당나귀의 어리석음을 풍자한 이야기예요.

배고픈 당나귀가 어느 날 길을 걷다가 맛있어 보이는 건초더미를 보고 발걸음을 옮기는 순간, 반대쪽에도 똑같이 맛있어 보이는 건초 더미가 있는 것을 발견했어요. 왼쪽으로 가면 오른쪽 건초가 더 맛있어 보였고, 오른쪽으로 가면 왼쪽이 더 먹음직스러워 보였어요. 밤새 왼쪽과 오른쪽을 갈팡질팡하던 당나귀는 결국 두 건초더미 사이에서 굶어 죽었어요. 당나귀는 자기 앞에 놓인 두 개의 건초더미 중에서 어떤 것이 더 나은지 합리적인 선택을 하지 못한 거예요.

부자들의 소비를 꼬집은 『유한계급론』

'유한계급'이란 힘든 노동은 전혀 하지 않으면서 많은 재산으로 소비만 일삼는 사람들을 가리켜 베블런이 사용한 말이에요. 자본주의 사회에서 큰 자본을 소유한 채 힘들게 일하지 않아도 막대한 이윤을 얻는 자본가들이 대표적인 유한계급에 속해요.

『유한계급론』에서 베블런은 유한계급이 보통 사람들과 다르게 행동한다는 점을 지적했어요. 품위를 위해 사는 사람들인 유한계급은 주변 사람들과 항상 다른 모습을 보이려고 행동한다는 거예요. 소비 또한 마찬가지였어요. 그때 당시 미국의 부자들은 그저 거실 벽을 꾸미는 데 사용될 고급 미술품이나 오래된 무기 따위를 비싼 가격에 사 모았어요. 또한 장식이 잔뜩 달린 드레스와 턱시도를 입고, 화려한 보석으로 온몸을 치장한 채 호화스러운 여행을 떠나기도 했어요.

베블런은 이러한 모습에 대해 합리성과는 아무 상관도 없이 유한계급이 그저 남들에게 '난 너희와는 차원이 다른 부자다'라는 것을 뽐내기 위해 낭비를 하는 것이라고 지적했어요. 그래서 이를 '과시적 소비'라고 불렀어요. 이로써 베블런은 부자들의 소비는 합리적 계산의 결과가 아니라 자신의 부를 과시하고 자랑하는 수단이라는 사실을 보여 주었어요. 원시 사회의 족장이 자신의 권력을 나타내려고 화려한 장신구로 치장하듯, 부자들은 커다란 집과 비싼 자동차, 귀한 보석 같은 사치와 낭비로 자신들을 과시한다는 거예요.

1880년 미국 철도의 호화로운 식사 서비스 광고

비싼 것이 아름답다? 베블런 효과

소비자는 합리적으로 계산해서 돈을 쓴다는 가정을 무너뜨린 베블런은 가격이 비쌀수록 수요가 늘 수 있고, 효용의 크기도 결정한다는 것을 주장했어요. 예를 들면 다음과 같아요.

비싼 수입품만을 판매하는 백화점에서 100만 원짜리와 500만 원짜리 모피 코트를 팔아요. 흔히 500만 원짜리 모피 코트보다는 100만 원짜리 모피 코트가 잘 팔릴 거라고 생각해요. 하지만 실제 백화점에서는 가격이 비싼 500만 원짜리 모피 코트가 불티나게 팔려요.

베블런이 알아낸 이러한 사실은 경제학자 마셜이 이야기한 '가격이 낮아지면 수요는 늘어난다'는 경제 법칙에 맞지 않아요. 모피 코트뿐만 아니에요. 아무리 경기가 나빠도 부자 동네에서는 비싼 고급차나 귀금속의 소비가 줄기는커녕 오히려 더 늘어요. 물론 정말 필요해서 소비하는 사람도 있겠지만 부자들은 자신의 부를 자랑하고 허영심을 채우기 위해 돈을 쓰면서 큰 만족을 얻는 거예요. 바꿔 말하면 비싼 물건일수록 더 만족하기 때문에 비싼 것이 잘 팔리는 거예요.

베블런은 이것을 설명하기 위해 '비싼 것이 아름답다'고 했어요. 여기서 '아름답다'는 것은 큰 만족을 얻었다는 뜻이에요.

빌헬름 페데르센이 그린 「벌거벗은 임금님」

 가격이 비쌀수록 소비를 자극하는 현상을 '베블런 효과'라고 해요. 베블런이 남에게 보이기 위한 유한계급의 소비 형태를 지적한 데서 생겨난 말이에요.

 베블런의 이론은 다른 사람들의 외면을 받을 수밖에 없었어요. 부자들을 야만인과 비교하고 그들의 숨겨진 허영심을 들추고 웃음거리로 만들었기 때문이었어요. 마치 안데르센의 동화 「벌거벗은 임금님」에 나오는 벌거벗은 채 행차하는 임금처럼 말이에요. 게다가 근대 경제학의 이론을 하루아침에 뒤집으려 하는 그의 주장에 동료 교수들마저 등을 돌리고 말았어요. 결국 그는 시카고 대학을 떠나야 했어요.

베블런의 이론을 따르는 제도학파

그 후 경제학의 이단아 베블런은 스탠퍼드 대학, 미주리 대학, 워싱턴 시 식품국 등 여기저기를 떠돌며 외로운 생활을 보내다 세상을 떠났어요. 하지만 『유한계급론』이 나온 지 50년이 지난 후, 미국의 경제학자 라이벤스타인이 베블런의 이론을 받아들여 그의 이론은 빛을 보게 되었어요.

라이벤스타인은 「수요 이론에 있어서의 유행, 속물, 베블런 효과」라는 글에서 소비자들이 합리적인 계산보다는 다른 사람들의 소비에 영향을 받는다는 사실을 분명히 밝혀냈어요. 사람들은 남들이 사면 너도나도 따라서 사게 되기도 하고, 사람들이 많이 사는 물건은 오히려 사지 않으려고도 하고, 남들

정보가 돈, 레몬 시장

'레몬 시장'은 파는 사람과 사는 사람의 정보가 달라 사는 사람이 바가지 쓰기 쉬운 시장을 가리켜요. 레몬의 모양은 예쁘지만, 맛은 너무 서서 그냥 먹을 수 없어요. 그래서 레몬 시장은 겉은 멀쩡한데 내용은 형편없는 상황을 뜻해요. 예를 들어, 자주 고장이 나고 엉망인 1,000원짜리 중고차가 있어요. 중고차를 파는 사람은 많은 정보를 가지고 있어 중고차의 원래 가격을 알지만 사는 사람은 정보가 거의 없어서 파는 사람에게 속아 3,000원에 살 수도 있는 거예요. 이처럼 레몬 시장은 시장에서 정보가 매우 중요하다는 사실을 알려 주고 있어요.

에게 보이기 위해 가격이 비쌀수록 더 사려고 하기도 한다는 거예요.

경제 이론으로는 도저히 해석되지 않는 베블런의 이론은 지금도 사람들에게 잊히지 않고 있어요. 사회에는 기존의 경제학 이론으로는 설명할 수 없는 현상들이 여전히 남아 있기 때문이에요. 그래서 현실을 독특하게 바라보았던 베블런을 따르는 사람들도 점차 생겨났어요. 이들을 '제도학파'라고 불러요. 사회의 제도나 구조에 따라 변하는 사람들의 행동을 중요하게 여기기 때문이에요.

1퍼센트를 위한 마케팅, 귀족 마케팅

'마케팅'은 기업에서 자신의 물건을 더 많이 팔기 위해 여러 가지 방법을 세우고 노력하는 것을 말해요. 주변에서 흔히 볼 수 있는 텔레비전, 신문의 광고도 마케팅의 한 부분이에요. 마케팅에는 다양한 방법이 있지만 그중 '귀족 마케팅'이란 선택된 아주 적은 사람만 사용할 수 있는 명품이라는 것을 강조하는 마케팅이에요. 귀족 마케팅의 대상은 최고급 제품만을 찾는 부자들로, 아주 적은 양만 만들어 제품의 가치를 높여요. 그래서 '럭셔리 마케팅', 'VIP 마케팅'이라고도 불러요.

소스타인 베블런 | 1857년 노르웨이에서 이주한 농민의 아들로 미국에서 태어난 소스타인 베블런은 경제학자이자 사회과학자예요. 그는 칼튼 대학과 존스홉킨스 대학을 거쳐 예일 대학에서 우수한 성적으로 철학 박사 학위를 받았지만 이민자의 아들이라는 이유로 직장을 얻을 수 없었어요. 그래서 7년 동안 다양한 분야의 책만 읽으며 세월을 보내다 코넬 대학에서 경제학을 공부한 후 시카고 대학에서 서른다섯 살에야 강사로서 활동하였어요. 1899년 그는 『유한계급론』이라는 책을 발표하여 사회 상류층의 소비를 지적하면서 유명해졌고, 여러 대학의 교수로 학생들을 가르치다 1929년 세상을 떠났어요.

백만 엄마들의 가슴을 뛰게 만든 바로 그 책,
〈공부가 되는〉 시리즈

- 재미와 호기심을 충족시키며 교과 연계 학습까지 되는 기초 교양 학습서
- 연이은 백만 엄마들의 뜨거운 호평, 출간 즉시 베스트셀러 도서
- 통섭과 융합형 교과서로 하버드 대학 교수가 추천한 도서

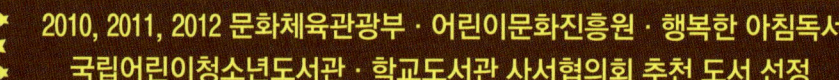

2010, 2011, 2012 문화체육관광부 · 어린이문화진흥원 · 행복한 아침독서
국립어린이청소년도서관 · 학교도서관 사서협의회 추천 도서 선정

1. 공부가 되는 세계 명화
2. 공부가 되는 한국 명화
3. 공부가 되는 식물도감
4. 공부가 되는 공룡 백과
5. 공부가 되는 유럽 이야기
6. 공부가 되는 그리스로마 신화
7. 공부가 되는 별자리 이야기
8. 공부가 되는 삼국지
9. 공부가 되는 탈무드 이야기
10, 11. 공부가 되는 조선왕조실록〈전2권〉
12. 공부가 되는 저절로 영단어
13. 공부가 되는 저절로 고사성어
14, 15. 공부가 되는 한국대표고전〈전2권〉

16, 17. 공부가 되는 셰익스피어 4대 비극·5대 희극〈전2권〉
18. 공부가 되는 논어 이야기
19. 공부가 되는 우리문화유산
20, 21. 공부가 되는 경제 이야기〈전2권〉
22, 23, 24. 공부가 되는 한국대표단편〈전3권〉
25. 공부가 되는 로빈슨 과학 탈출기
26. 공부가 되는 일등 멘토의 명연설
27, 28, 29. 공부가 되는 과학백과 우주, 지구, 인체〈전3권〉
30. 공부가 되는 가치 사전
31. 공부가 되는 안네의 일기
32. 공부가 되는 톨스토이 단편선
33. 공부가 되는 긍정 명언
34. 공부가 되는 이솝 우화

35. 공부가 되는 창의력 백과
36. 공부가 되는 재미있는 어휘사전
37. 공부가 되는 삼국유사
38. 공부가 되는 삼국사기
39. 공부가 되는 재미있는 한국사 1
40. 공부가 되는 아메리카 이야기
41. 공부가 되는 세계 지리 지도
42. 공부가 되는 재미있는 한국사 2
43. 공부가 되는 파브르 곤충기
44, 45, 46. 공부가 되는 세계명단편〈전3권〉

〈공부가 되는〉 시리즈는 계속 출간됩니다.

〈십대들을 위한 인성교과서〉 시리즈

십대가 시작되는 시기부터
늘 머리맡에 두고 반복해서 읽어야 할 책

태도
줄리 데이비 글, 그림 | 박선영 옮김
14,000원

목표
줄리 데이비 글, 그림 | 박선영 옮김
14,000원

선택
줄리 데이비 글, 그림 | 장선하 옮김
14,000원

진정한 부
줄리 데이비 글, 그림 | 장선하 옮김
14,000원

〈초록별〉 시리즈

꿈이 되는 이야기, 마음을 키우는 책 읽기

엄마는 외계인
박지기 글 | 조형윤 그림 | 8,500원

아빠가 보고 싶은 아이
나가사키 나쓰미 글
오쿠하라 유메 그림
김정화 옮김 | 11,000원

친구 만들기
줄리아 자만 글
케이트 팽크허스트 그림
조영미 옮김 | 11,000원

아기 토끼의 엄마 놀이
모리야마 미야코 글
니시카와 오사무 그림
김정화 옮김 | 11,000원

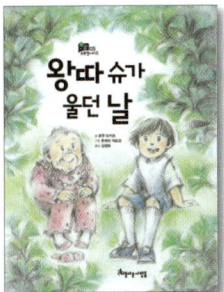

왕따 슈가 울던 날
후쿠 아키코 글
후리야 가요코 그림
김정화 옮김 | 11,000원